JN116668

パワーポイント で 保健教育！

規則正しい生活をめざそう

小学校編

監修・久保昌子（熊本大学養護教諭特別別科教授）
著者・渋谷友香（京都市養護教諭）

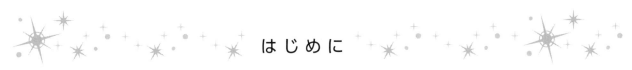

はじめに

　私がパワーポイント教材を使って短時間の保健教育に取り組むようになったのは、今から10数年前のことです。当時、私は児童数約700人の小学校に勤務していました。毎月の指導を担任の先生にお願いする上で、養護教諭の伝えたいことが子どもたちに確実に届くように、また、担任の先生が負担感なく指導できるようにとの思いから、パワーポイント教材とシナリオを作るようになりました。

　パワーポイント教材の利点は、言葉だけではなく視覚的にも訴えかけることができることです。また、実物では見せられない物の画像を見せることもできます。教室の電子黒板に教材を映し出しながら指導するとき、子どもたちはワクワクしたり、なるほど！　と納得したり、いきいきとした表情をしています。そのような子どもたちの顔を楽しみに、パワーポイント教材を作るようになりました。

　保健教育の時間確保が難しい学校も増えているかと思います。本書では、そのような場合でも10分程度の短時間で指導できるよう内容を簡潔にまとめてあります。身体計測前のわずかな時間などにもご活用ください。

　また、パワーポイント教材の弱点でもある一方的で単調な指導にならないように、子どもたち自身が書き込めるワークシートも用意しました。ワークシートに書き込むことで、理解を深め、意思決定につながるなどの効果があると考えています。教室で指導する場合には、ぜひ、ワークシートも一緒にご活用ください。

　本書は、私がこれまでに実践したものを元に編集しましたので、小学生を対象としています。また、一部の教材には指導の目安となる時季を割り当てています。パワーポイント教材とワークシートは書きかえることができます。子どもたちの実態や学年の発達段階に合わせて、自由に補足したり書きかえたりしてください。付属のCD-ROMには、低学年用のデータも収録しています。

　本書が、多くの先生方の教材作成のお役に立てれば幸いです。

2020年3月　　渋谷　友香

Contents

1月 新年を健康にすごそう

ねらい

♣ 1年を健康にすごすための情報及び方法を理解している。
♣ 自己の健康目標を意思決定して実践しようとする。

指導の実際

1

新年を
健康にすごそう

シナリオ

今日のテーマは、「新年を健康にすごそう」です。「1年の計は元旦にあり」ということわざがあります。何事もまずはじめに、目標と計画をしっかりと立てることが大切です。毎日を健康にすごすための「健康目標」も忘れずに立てられるといいですね。

これから、みなさんがこの1年を健康にすごすための大切なポイントを紹介します。○の中にはどのような言葉が入るか、一緒に考えてみましょう。

2

健康習慣で 今年もよい1年を！

あ さ ご は ん

欠かさず食べて，
元気に1日をスタートしよう。

シナリオ

それでは、はじめます。「あ」に続く言葉は何だと思いますか？
（子どもに考えさせてから）答えは、「あさごはん」です。朝ごはんは、1日を元気にスタートするためのエネルギー源で、眠っていた体を目覚めさせるスイッチにもなります。ごはんでもパンでもかまいません。必ず何か食べてから学校に来るようにしましょう。(ワークシートの○には「あさごはん」が入ります。)

3

健康習慣で 今年もよい1年を！

（け）（が）を 予防 しよう。

歩く時は，ポケットから手を出そう。

どうしても寒い時は，手ぶくろをつけてね！

シナリオ

「け」に続く言葉は何だと思いますか？
（子どもに考えさせてから）答えは、「けが」です。学校のきまりや交通ルールを守って、けがをしないように、安全に気をつけてすごしましょう。歩く時は、ポケットから手を出しましょう。寒くなると、ポケットに両手を入れたまま歩いている人をよく見かけます。そうすると、転んだ時に手をつくことができません。転んで顔を地面で打ったり、歯をけがしたり、大きなけがにつながることがあります。どうしても寒い時は、手袋を使うといいですね。（ワークシートの〇には「けが」が入ります。）

4

健康習慣で 今年もよい1年を！

（マ）（ス）（ク）をつけて，
「せきエチケット」。

シナリオ

「マ」に続く言葉は何だと思いますか？
（子どもに考えさせてから）答えは、「マスク」です。風邪をひいて、咳や鼻水・くしゃみが出る人がまわりの人にうつさないようにマスクをつけることを「咳エチケット」といいます。マスクをつけて、風邪やインフルエンザの流行を防ぎましょう。マスクをつけていない時は、肘や腕で口を押さえるようにしましょう。（ワークシートの〇には「マスク」が入ります。）

5

健康習慣で 今年もよい1年を！

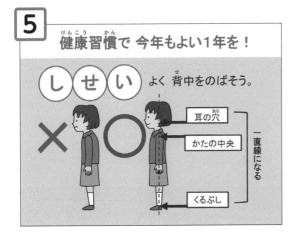

（し）（せ）（い）よく 背中をのばそう。

耳の穴
かたの中央
くるぶし
一直線になる

シナリオ

「し」に続く言葉は何だと思いますか？
（子どもに考えさせてから）答えは、「しせい」です。姿勢がよくないと、見た目の印象が悪いだけでなく、視力が低下したり、勉強がはかどらなかったり、肩こりや腰痛を起こしやすくなるなど、体の調子が悪くなる原因になることがあります。よい姿勢は、立っている状態で、耳の穴、肩の中央、くるぶしを結んだ線が一直線になります。正しい姿勢になるように取り組みましょう。（ワークシートの〇には「しせい」が入ります。）

6

正しい姿勢をしてみよう！

両手を組んで
頭の後ろへ

そろりと
うでを下ろそう

背中が
のびたね！

シナリオ

今から、座ったままでできる正しい姿勢をしてみましょう。それでは、はじめます。椅子に座ったまま、両手を組んで頭の後ろへ持っていきます。そうすると、背中が自然とまっすぐに伸びましたね。そのまま、ゆっくりと両腕を下ろします。これが正しい姿勢です。背骨は小さな骨が重なってできています。自分が意識しなければ正しい姿勢になりません。正しい姿勢になるように時々意識しましょう。

7

健康習慣で 今年もよい1年を！

て あ ら い ・うがいで

ウイルス バイバイ！

シナリオ

「て」に続く言葉は何だと思いますか？
（子どもに考えさせてから）答えは、「てあらい」です。手洗い・うがいをこまめにして、風邪やインフルエンザのウイルスが体の中に入るのを防ぎましょう。（ワークシートの○には「てあらい」が入ります。）

8

健康習慣で 今年もよい1年を！

お ふ ろ につかって

リラックスしよう。

♥ 血液の流れがよくなる

♥ 心がリラックスする

♥ ぐっすりねむれる

シナリオ

「お」に続く言葉は何だと思いますか？
（子どもに考えさせてから）答えは、「おふろ」です。おふろにつかることで、体が温まって血液の流れがよくなる、体の緊張が緩んで心がリラックスできる、夜、ぐっすり眠れるといわれています。熱いお湯につかるよりも、少しぬるめの温度でゆったりとつかるようにしましょう。（ワークシートの○には「おふろ」が入ります。）

9

健康習慣で 今年もよい1年を！

メディアと
上手（じょうず）につき合おう。

1日
2時間まで

→

メディアコントロール

シナリオ

「メ」に続く言葉は何だと思いますか？
（子どもに考えさせてから）答えは、「メディア」です。
メディアはとても便利なものですが、使い方を間違え
ると、視力の低下や睡眠不足につながります。「1日
2時間まで」というように、ルールを決めることが大
切です。このように、メディアを使う時間を自分で決
めて適切に利用することを、「メディアコントロール」
といいます。メディアの使用をコントロールして、メ
ディアと上手につき合いましょう。（ワークシートの
○には「メディア」が入ります。）

10

健康習慣で 今年もよい1年を！

でんきを消して早くねよう。

夜 10 時には 布団（ふとん）に入ろう。

シナリオ

「で」に続く言葉は何だと思いますか？
（子どもに考えさせてから）答えは、「でんき」です。
睡眠は、1日の疲れをとるためにとても大切です。そ
して、心や体を成長させる働きがあります。4～6年
生のみなさんは、1日9時間以上の睡眠時間が必要で
す。部屋の電気を消して布団に入り、夜 10 時には寝
るようにしましょう。寝る前の携帯やゲームは、脳が
刺激されて眠れなくなるので、やめましょう。（ワー
クシートの○には「でんき」が入ります。）

11

健康習慣で 今年もよい1年を！

ともだち
を思いやる心を持とう。

シナリオ

「と」に続く言葉は何だと思いますか？
（子どもに考えさせてから）答えは、「ともだち」です。
友だちを思いやる心を持つことは、心の健康につなが
る大切なことです。自分自身と友だち、どちらも大切
にできるといいですね。（ワークシートの○には「と
もだち」が入ります。）

12

健康習慣で 今年もよい1年を！

うんどう しよう！

1日20分を目標に！！

シナリオ

「う」に続く言葉は何だと思いますか？
（子どもに考えさせてから）答えは、「うんどう」です。
運動することで、体力がつく、病気になりにくい力（免疫力）がアップする、太りにくくなる、ストレスを発散できるなど、さまざまな効果があります。体育の授業以外に、1日20分を目標に体を動かしましょう。スポーツが苦手な人は、早歩きするだけでもいいです。
（ワークシートの〇には「うんどう」が入ります。）

13

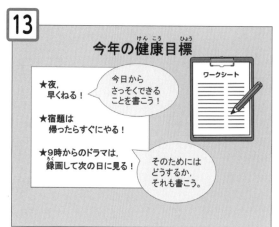

今年の健康目標

★夜，
早くねる！

★宿題は
帰ったらすぐにやる！

★9時からのドラマは，
録画して次の日に見る！

今日からさっそくできることを書こう！

そのためにはどうするか，それも書こう。

ワークシート

シナリオ

今日は、みなさんが健康にすごすためのポイントを10個紹介しました。ポイントを参考にして、ワークシートに今年の健康目標を書きましょう。できていないことがあった人は、すぐにできそうなことや頑張りたいと思うことを書いてもいいですね。その目標を達成するためには、どうすればいいかも考えてみましょう。

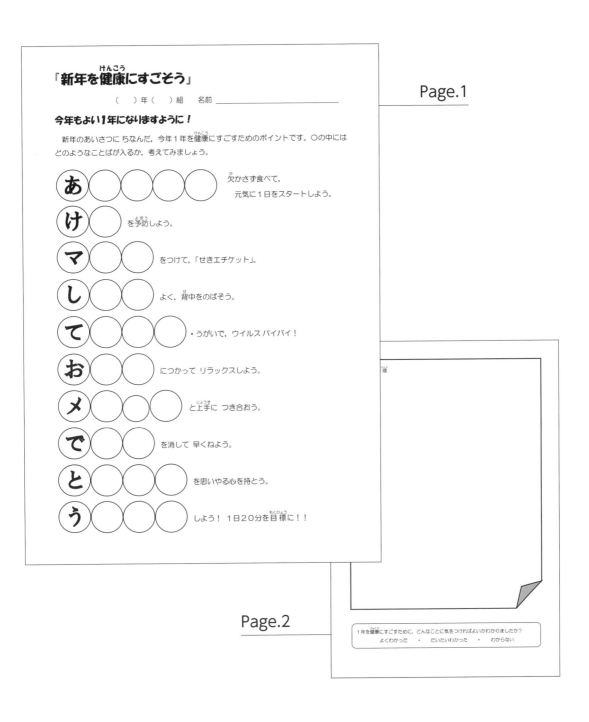

『新年を健康にすごそう』

（　　）年（　　）組　名前＿＿＿＿＿＿＿＿＿＿＿＿

今年もよい1年になりますように！

新年のあいさつに ちなんだ，今年1年を健康にすごすためのポイントです。〇の中には
どのようなことばが入るか，考えてみましょう。

あ〇〇〇〇　欠かさず食べて，
　　　　　　　　　元気に1日をスタートしよう。

け〇〇　を予防しよう。

マ〇〇〇　をつけて，「せきエチケット」。

し〇〇〇　よく，背中をのばそう。

て〇〇〇〇　・うがいで，ウイルス バイバイ！

お〇〇〇　につかって リラックスしよう。

メ〇〇〇　と上手に つき合おう。

で〇〇〇　を消して 早くねよう。

と〇〇〇〇　を思いやる心を持とう。

う〇〇〇〇　しよう！ 1日20分を目標に！！

Page.1

Page.2

1年を健康にすごすために、どんなことに気をつければよいかわかりましたか？
よくわかった　・　だいたいわかった　・　わからない

11

2月 朝ごはんを食べよう

ねらい

♣ 朝ごはんの5つのパワー（役割）を理解している。
♣ 朝ごはんをチェックして自己の課題に気づき、自ら進んで食べようとする。

指導の実際

1

朝ごはんを食べよう

シナリオ

今日のテーマは、「朝ごはんを食べよう」です。みなさんは今日の朝、何か食べてきましたか？ しっかり食べてきたという人、パンだけ食べたという人、飲み物だけ飲んだという人もいるかもしれませんね。それでは、朝ごはんはどうして食べないといけないのでしょうか？

2

朝ごはんがくれる **5つのパワー**

食べた時　食べなかった時

シナリオ

それは、朝ごはんには5つのパワーがあって、朝ごはんを食べた時と食べなかった時で、体への影響が全然違うからです。一体どんなパワーがあるのか、これからお話ししたいと思います。

3

朝ごはんがくれるパワー①
学習パワー

頭の中

脳（のう）の
『エネルギー』
となる。

シナリオ

まず1つ目は、学習パワーです。朝ごはんは、頭の中にある脳のエネルギーになって、頭の働きがよくなります。学校の授業もしっかりと集中して聞くことができますね。（ワークシートの（　）には、「脳」が入ります。）

4

朝ごはんがくれるパワー②
元気パワー

元気よく
動きまわる
ための
『エネルギー』
となる。

シナリオ

2つ目は、元気パワーです。朝ごはんは、体全体を目覚めさせ、動かすためのエネルギーにもなります。それで、体育の授業や休み時間に、元気よく体を動かすことができます。

5

朝ごはんがくれるパワー③
体温パワー

36.8

体温を上げて
脳（のう）や体の
『スイッチ』を
オン！！

シナリオ

3つ目は、体温パワーです。朝ごはんを食べると、消化したり栄養を吸収したりして、内臓が活発になって、体温が上がります。そうすると、眠っていた脳や体が目を覚まし、活動する準備をすばやくはじめることができます。これで、朝にボーっとしてしまう、なんていうことがなくなります。

6

朝ごはんがくれるパワー④
体を作るパワー

じょうぶな
骨や筋肉
を作る もと。

シナリオ

4つ目は、体を作るパワーです。昼ごはんと夜ごはんをしっかり食べているから、体作りは大丈夫だと思っていませんか？　みなさんは大人と違って、体が最も大きく成長する時期にいます。朝ごはんを食べないと、1日に必要な栄養の3分の1から4分の1が足りなくなって、じょうぶな骨や筋肉を作ることができません。昼ごはんは多めに、朝ごはんと夜ごはんは同じくらいのカロリーと栄養をとることが理想的です。体が大きく成長するためにも、しっかりと朝ごはんを食べられるといいですね。（ワークシートの（　）には、「骨」と「筋肉」が入ります。）

7

朝ごはんがくれるパワー⑤
うんちパワー

朝のうんちが
出やすいように
お手伝い。

シナリオ

5つ目は、うんちパワーです。朝ごはんを食べると、胃と腸が動き出して、うんちが出やすくなります。うんちには、体の中のいらない物を外に出すという大切な役割があります。朝からうんちが出ると、体がすっきりするし、学校でお腹が張ったり痛くなったりする心配もなくなりますね。（ワークシートの（　）には、「うんち」が入ります。）

8

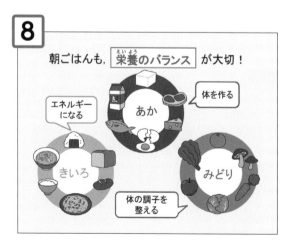

朝ごはんも、 栄養のバランス が大切！

エネルギーになる

体を作る

あか

きいろ

みどり

体の調子を整える

シナリオ

5つのパワーがわかりましたね。それでは、朝ごはんにはどんな物を食べればいいと思いますか？
（子どもに考えさせてから）朝ごはんも、栄養のバランスを考えて食べることが大切です。食べ物は、その主な働きから、赤・黄・緑の3つのグループにわけることができます。
赤色のグループの食べ物は、体を作ったり、体を丈夫にする働きがあります。（主な食べ物：牛乳・豆腐・肉・チーズ・卵・魚）
黄色のグループの食べ物は、体を動かすエネルギーになります。（主な食べ物：ごはん・パン・麺類）
緑色のグループの食べ物は、病気にかかりにくくしたり、体の調子を整える働きがあります。（主な食べ物：野菜・果物・きのこ類）
この3色の食べ物がバランスよくそろった朝ごはんを食べると元気が出ます。今朝の朝ごはんを振り返って、3色それぞれの仲間ごとにワークシートに書きましょう。

9

ばっちり**朝ごはん**を目指そう！

今日は朝ごはんの5つのパワーについてお話ししました。朝ごはんを食べると、元気いっぱいになりますよ。いろいろ工夫して、今日から、ばっちり朝ごはんを目指しましょう。そして、1日を健康にすごしてくださいね。

指導に当たっての留意点

子どもの貧困率と朝食欠食率

　子どもの貧困率は、2015（平成27）年時点で13.9％と、およそ7人に1人が「相対的な貧困」の状態にあると報告されています（内閣府政策統括官〈共生社会政策担当〉付子どもの貧困対策担当「行政、NPO、企業等官民連携で取り組む子供の貧困対策」、『共同参画』第120号、内閣府、2019年2月）。

　また、朝食欠食※率は、小学校低学年7.1％、中学年2.1％、高学年7.0％となっています（厚生労働省「平成29年国民健康・栄養調査報告」、2018年12月）。

　朝食を食べたくても食べられない子どもがいることも考慮して、指導に当たる必要があります。

（※欠食とは、①菓子・果物などのみ、②錠剤などのみ、③何も食べない、の合計）

『朝ごはんを食べよう』

（　　）年（　　）組　　名前 _____

朝ごはんがくれる5つのパワー

　　（　　　　　）の中には，どんな言葉が入るでしょうか。考えてみましょう。

① **学習**パワー

　　（　　　　　）の「エネルギー」となって，頭の働きをよくしてくれるよ。

② **元気**パワー

　　元気よく 動きまわるための「エネルギー」になるよ。

③ **体温**パワー

　　体温を上げて，脳や体を自覚めさせる「スイッチ」の役割をしてくれるよ。

④ **体を作る**パワー

　　じょうぶな（　　　　　　）や（　　　　　　　　　　）を作るもとになるよ。

⑤ **うんち**パワー

　　朝の（　　　　　　　　　　）を出やすく してくれるよ。

今朝の朝ごはんを栄養のグループごとに書いてみよう！

あか：体を作る 牛乳・とうふ・肉・チーズ・卵・魚	きいろ：エネルギーのもと ごはん・パン・めん類	みどり：体の調子を整える 野菜・くだもの・きのこ類

> 栄養バランスのよい朝ごはんを食べると，元気いっぱいにすごせることがわかりましたか？
>
> 　　よくわかった　　・　　だいたいわかった　　・　　わからない

3月 けがを防ごう

ねらい

♣ けがを予防するための情報及び方法を理解している。
♣ 簡単な手当てを実践しようとする。

指導の実際

1

シナリオ

今日のテーマは、「けがを防ごう」です。どうすれば、けがをしないで毎日を楽しく安全にすごすことができるのか、一緒に考えてみましょう。もしけがをしてしまったら、どうすればいいかについても、お話ししたいと思います。

2

シナリオ

昨年度、けがをして保健室に来た人の数は〇〇〇人でした。たくさんの人がけがをしていますね。どんな時に、けがをしていると思いますか？（子どもに考えさせる）

（※数字は各校の実態に合わせて変更して指導して下さい。）

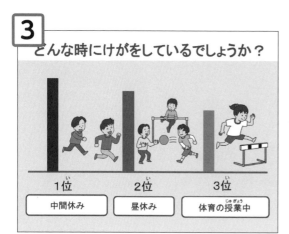

3 どんな時にけがをしているでしょうか？

1位 中間休み
2位 昼休み
3位 体育の授業中

シナリオ

どんな時にけがをしているかというと、3位は体育の授業中、2位は昼休み、そして、1位は中間休みという結果でした。休み時間に遊んでいる時のけがが多いようです。休み時間のすごし方に注意が必要ですね。けがをしないようにすごすには、どうしたらいいか考えていきましょう。

（※順位は各校の実態に合わせて変更して指導して下さい。）

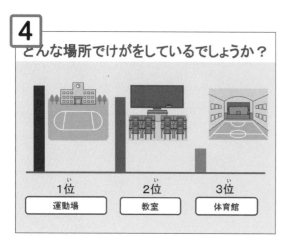

4 どんな場所でけがをしているでしょうか？

1位 運動場
2位 教室
3位 体育館

シナリオ

次に、けがをした場所はどこが多いと思いますか？
（子どもに考えさせてから）3位は体育館、2位は教室、そして、1位は運動場という結果でした。教室でけがをしている人もたくさんいました。

（※順位は各校の実態に合わせて変更して指導して下さい。）

5 教室で けが がおこるのはなぜ？

けがを防ぐために
気をつけることを考えよう！

シナリオ

どうして教室でけがが起こるのかを考えてみましょう。教室で走っている人はいませんか？　教室でけがをしないために、気をつけようと思うことを考えて、発表してみましょう。

※解答例：教室では走らない、追いかけっこしない、暴れない、姿勢よく座って椅子をガタガタさせない、鉛筆やハサミなど、危ない物を持って立ち歩かない、など。

6

どんな けが をしているでしょうか？

1位	2位	3位
すり傷	打ぼく	ねんざ

シナリオ

それでは、どんなけがが多いかというと、3位は捻挫（足をぐねってしまうこと）でした。階段を慌てて降りていてという人もいました。2位は打撲（打ち身のこと）でした。うっかりして何かにぶつかったり、慌てていて人とぶつかったりした人が多かったです。そして、1位は擦り傷でした。

（※順位は各校の実態に合わせて変更して指導して下さい。）

7

けがを防ぐために大切なこと①

まわりをよく見て行動しよう。

シナリオ

これからけがを防ぐために大切なことを、3つお話しします。まず1つ目は、まわりをよく見て行動することです。よそ見をしていて物やお友だちにぶつかって、けがをしたという人がたくさんいました。

8

けがを防ぐために大切なこと②

★ 学校の き ま り を守ろう。

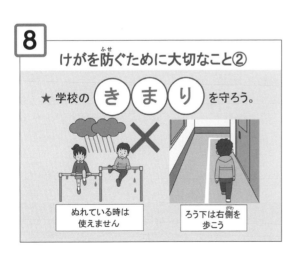

ぬれている時は使えません	ろう下は右側を歩こう

シナリオ

2つ目に大切なことは何だと思いますか？
（子どもに考えさせてから）それは、学校のきまりを守ることです。学校には、みなさんが安全にすごすためのきまりがありましたね。
※例：遊具はぬれている時は使わない／廊下は右側を歩く／学校園の中では遊ばない　など
学校の決まりをもう一度確かめて、けがをしないで楽しくすごしてくださいね。（ワークシートの○には「きまり」が入ります。）

9 けがを防(ふせ)ぐために大切なこと③

すいみん

を十分にとり，しっかりと

あさごはん

を食べよう。

シナリオ
３つ目に大切なことは何だと思いますか？
（子どもに考えさせてから）それは、睡眠を十分にとっ
て、しっかりと朝ごはんを食べることです。けがは、
ぼんやりしている時によく起こるので、睡眠や朝食を
とるといった生活習慣についても気をつけるようにし
ましょう。（ワークシートの〇には、「すいみん」と「あ
さごはん」が入ります。）

10

気をつけていても
けがをしてしまったら

あわてないで
保健(ほけん)室へ
行きましょう

でも，その前に

シナリオ
気をつけていても、けがをすることはあります。けが
をしてしまった時は、慌てないで保健室に行きましょ
う。でも、その前に、みなさんにできるけがの手当て
があります。これから３つ紹介します。正しい手当て
の仕方を知っていると、いざという時に慌てずに対応
できますね。

11 自分で できる けがの手当て ①

すり傷(きず)の手当て

傷口(きず)を水道の水で
よく洗(あら)い流そう。

洗(あら)い終わったら
ハンカチでおさえよう

シナリオ
まず１つ目の手当ては、転んだりして擦りむいてし
まった場合の手当てです。土や泥がついて傷口が汚れ
ている場合は、傷口を水道の水でしっかりと洗いま
しょう。洗い終わったら、清潔なハンカチで押さえま
しょう。

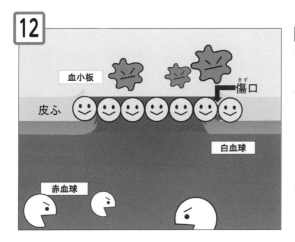

シナリオ
傷口ができてしまうと、そこに血液の中の血小板が集まってきて、血液を固める働きをします。その結果、血が止まります。血小板に続いて傷口には白血球が集まってきました。白血球は傷口から入りこんだバイキンを食べてやっつけてくれます。血小板や白血球のほかにも、血液の中には酸素を運ぶ役割をもつ赤血球など、たくさんの仲間がいます。けがをした時、傷口をしっかりと水道の水で洗い流しておけば、これらの仲間が一生懸命働いて、傷を治してくれます。

シナリオ
　2つ目は、鼻血の手当てです。鼻血が出た時は、下を向いて5分間鼻をつまみます。実際に自分の鼻をつまんでみましょう。イラストのように、鼻の骨から少し下のやわらかい所をぎゅっとつまみましょう。上手につまむと、声が変わります。どうですか？　つまめましたか？　仰向けになったり、上を向いたりしてはいけません。5分たっても血が止まらない時は、保健室に行きましょう。鼻をぶつけて鼻血が出た時も、保健室に行きましょう。

シナリオ
　3つ目は、やけどの手当てです。給食のおかずをこぼしてしまったり、家庭科の時間に熱したフライパンを触ったりしてやけどをした時は、すぐに水道の水で5〜10分間冷やしましょう。やけどは水で冷やすことが大切です。痛みがとれるまで水道の水で冷やし続けましょう。痛みが続いたり皮膚が赤くなっている時は、必ず保健室に行きましょう。

15

けがを<ruby>防<rt>ふせ</rt></ruby>ぐために大切なこと

- ★まわりをよく見て行動する
- ★学校のきまりを守る
- ★すいみんを十分にとり,
  しっかりと朝ごはんを食べる

きまりを守って<ruby>健康<rt>けんこう</rt></ruby>にすごそう

シナリオ

今日は、けがを防ぐために大切なことと、自分でできるけがの手当てについてお話ししました。学校の決まりを守って、けがをしないで健康にすごしてくださいね。

Column

湿潤療法

　保健室で行う処置で最も多いのが擦り傷です。現在は湿潤療法（傷口をしっかりと水洗いしてから被覆材で被覆し、乾燥させずに治療する方法）が注目されています。湿潤療法では定期的に創部を観察することが必要ですが、この観察や被覆材の交換が医療行為に当たる可能性があります。そのため、保健室で行う場合、患児や保護者の了解を得る必要があり、医療機関での処置を視野に入れる必要もあるでしょう。

1 水でよく洗う
消毒はしなくてOK

2 乾かないように
被覆材で覆う
（食品用ラップでも
使用可能）

ワークシート

『けがを防ごう』

（　　）年（　　）組　　名前 ＿＿＿＿＿＿＿＿＿＿＿＿＿＿＿

けがを防ぐために大切なこと

★　まわりをよく見て行動する。

★　学校の ◯◯◯ を守る。

★　◯◯◯◯ を十分にとり，

しっかりと ◯◯◯◯◯ を食べる。

自分でできるけがの手当て

保健室に行くその前に，みんなにできる けがの手当て があります。

すり傷の手当て

水道の水でよく洗い流そう。

せいけつなハンカチでおさえる。

鼻血の止め方

下を向いて
5分間 鼻をつまむ。

やけどの手当て

すぐに水道の水で
5〜10分間 ひやす。

けがを防ぐために，どんなことに気をつければよいかわかりましたか？

よくわかった　・　だいたいわかった　・　わからない

4月 規則正しい生活をしよう

ねらい

♣ 規則正しい生活をするための情報及び方法を理解している。
♣ 自己の目標を考え、実践しようとする。

指導の実際

1

シナリオ

今日のテーマは、「規則正しい生活をしよう」です。

2

シナリオ

突然ですが、みなさんは大きくなったら何になりたいですか？
（子どもに発表させる）どれも素敵な夢ですね。そんな素敵な夢も、健康でなければ叶えることはできません。毎日を楽しく笑顔ですごすために、そして将来健康な大人になるために、今から規則正しい生活をしておくことがとても大切です。

3

規則正しい生活をするために ①

は や お き をしよう！

朝は、⑦時までに起きよう！

シナリオ

規則正しい生活をするために、どうすればいいでしょうか？　◯の中にはどのような言葉が入るか、一緒に考えてみましょう。
（子どもに考えさせてから）1つ目は、早起きをすることです。脳は、目が覚めてから働き出すまでに2時間かかります。1時間目の授業からしっかりと集中するためには、何時に起きるといいと思いますか？
（子どもに考えさせてから）朝は、7時までに起きるようにしましょう。（ワークシートの◯には、「はやおき」と「7」が入ります。）

4

規則正しい生活をするために ②

あ さ ご は ん を食べよう！

エネルギーのみなもと

シナリオ

2つ目は、（子どもに考えさせてから）学校へ行く前には必ず朝ごはんを食べるようにしましょう。朝ごはんは、1日を健康にすごすためのエネルギー源です。ごはんやパンに、目玉焼き、野菜も食べられるといいですね。寝坊した日でも、必ず何かを食べてから登校するようにしましょう。（ワークシートの◯には、「あさごはん」が入ります。）

5

規則正しい生活をするために ③

う ん ど う をしよう！

あ せ をかくくらい、体を動かそう。

ゴールデンタイム

シナリオ

3つ目は、（子どもに考えさせてから）運動です。少し汗をかく程度の運動でいいので、天気のいい日は外で遊びましょう。午後3時から午後5時の時間帯はゴールデンタイムと呼ばれていて、体と脳がもっとも活発に活動する時間帯で、遊んだり学んだりするのにとてもいいといわれています。心と体の成長につながるので、放課後もたくさん運動したり学習したりしましょう。（ワークシートの◯には、「うんどう」と「あせ」が入ります。）

6

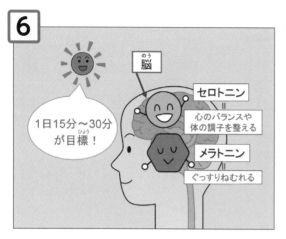

そのほかにも、外で運動するといいことがあります。外で運動して太陽の光をあびると、脳では「セロトニン」というホルモンが作られます。セロトニンは、心のバランスや体の調子を整える働きをするホルモンで、健康には欠かせません。セロトニンは、夜になると「睡眠ホルモン」とも呼ばれる「メラトニン」に変身して眠気を起こし、ぐっすり眠れるように導いてくれます。1日15分から30分を目安に、太陽の光をあびながら体を動かしましょう。

7

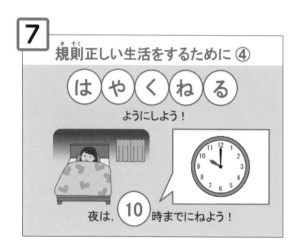

最後に4つ目は、（子どもに考えさせてから）早く寝ることです。小学生のみなさんは、1日に約9～10時間の睡眠時間が必要です。ということは、何時までに寝ればいいでしょうか？
（子どもに考えさせてから）夜は、10時までに寝るようにしましょう。テレビを消して、部屋の明かりを暗くして、10時になったら布団に入るようにしましょう。（ワークシートの〇には、「はやくねる」と「10」が入ります。）

8

今日は、規則正しい生活をするためにできることについて学習しました。これから自分がやってみよう、頑張ろうと思うことを、ワークシートに記入しましょう。

『規則正しい生活をしよう』

(）年（ ）組　名前 _____

規則正しい生活をするために

○の中にはどのような言葉が入るか，考えてみましょう。

① ○○○○ を しよう！

朝は，○ 時 までに 起きよう！

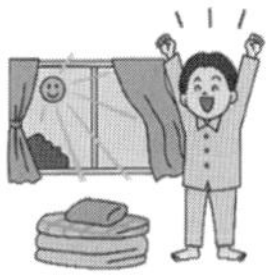

② ○○○○○ を 食べよう。

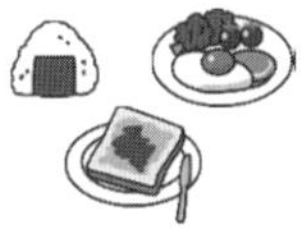

③ ○○○ を しよう！

○○ をかくくらい，体を動かそう。

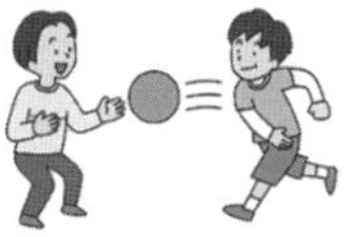

④ ○○○○○ ようにしよう！

夜は，○ 時 までに ねよう！

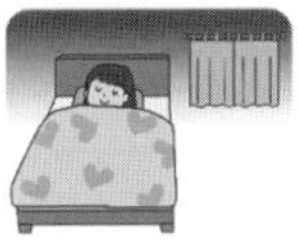

規則正しい生活をするために がんばりたいこと。

規則正しい生活をするために，どんなことに気をつければよいかわかりましたか？

よくわかった ・ だいたいわかった ・ わからない

5月 早ね早起き朝ごはん

ねらい

♣ 生活リズムを整えて、毎日を健康にすごすための情報及び方法を理解している。

♣ 自己の生活を振り返り、課題に気づき、意思決定して実践しようとする。

指導の実際

1

シナリオ

新学期がはじまって1か月ほどたちました。そろそろ少し疲れも出るころです。そんな時こそ、生活リズムを整えることが大切です。今日のテーマは、「早ね 早起き 朝ごはん」です。

2

早ね 早起き 朝ごはん
〇×クイズにちょう戦！

シナリオ

今から、「早ね 早起き 朝ごはん」に関する〇×クイズを4問出します。クイズに答えながら、どうすれば生活リズムを整えて、毎日を健康にすごすことができるのか、一緒に考えてみましょう。

3

Q1. 私たちの体の中には, 時計がある。

こたえ: ◯

シナリオ

第1問です。
「私たちの体の中には、時計がある。」 ◯でしょうか、×でしょうか。
(子どもに考えさせてから) 答えは、「◯」です。

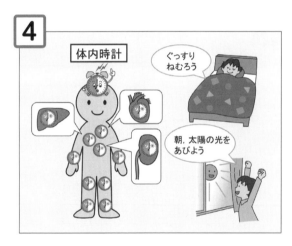

4

体内時計

ぐっすり
ねむろう

朝, 太陽の光を
あびよう

シナリオ

みなさんは、「体内時計」という言葉を聞いたことがありますか？ ヒトの体の中には、心臓や肝臓、腎臓や脳など、さまざまな臓器があって、それぞれに時計を持っています。この時計を「体内時計」といいます。体内時計は、みなさんが意識しなくても、昼間は活発に働き、夜は休むようにできています。これらの体内時計の中で、目覚まし時計の役割をしているのが、脳の中にある時計です。朝になると臓器のそれぞれの時計に、しっかり働くよう呼びかけます。
夜にはぐっすり眠って脳と体を休め、朝は太陽の光をあびて脳を刺激することで、体は規則正しいリズムを打ちはじめます。

5

Q2. 朝ごはんを食べなくても,
給食をしっかり食べればよい。

こたえ: ✕

シナリオ

第2問です。
「朝ごはんを食べなくても、給食をしっかり食べればよい。」 ◯でしょうか、×でしょうか。
(子どもに考えさせてから) 答えは、「×」です。

29

6

シナリオ

昨日の夜7時に夕食を食べたとします。そうすると、今日の給食までは17時間以上も時間があいてしまいます。私たちは、寝ている間もたくさんのエネルギーを使うため、朝起きた時には、体も脳もエネルギーが足りない状態です。学校で1時間目からしっかりと学習するためには、朝ごはんをしっかりと食べてエネルギーをとることが大切です。

7

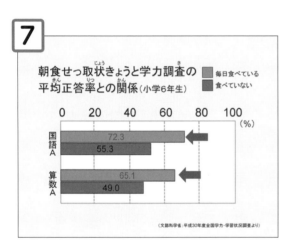

シナリオ

このスライドは、朝ごはんを毎日食べている人と食べていない人の学力テストの結果を比べたものです。朝ごはんを毎日食べている人の方が、食べていない人に比べて、学力テストの結果がよかったそうです。やはり、朝ごはんは大切ですね。きちんと食べることを心がけましょう。

8

シナリオ

第3問です。
「夜寝る前に、激しい運動をするとぐっすり眠れる。」
○でしょうか、×でしょうか。
（子どもに考えさせてから）答えは、「×」です。

9

夜寝る前に激しい運動をすると目がさえてしまい、かえって眠れなくなってしまいます。寝る前は、好きな音楽を聴いたり軽いストレッチをしたりして、リラックスしてすごすようにしましょう。テレビやゲームも脳への刺激となって、眠れなくなったり眠りが浅くなったりするので、やめておきましょう。

10

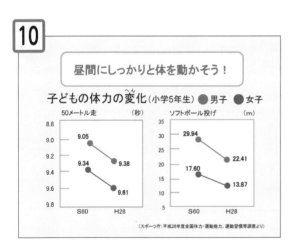

こんなデータがあります。

今の子どもは、約30年前の子どもと比べて、生活が便利になったことで、生活全体を通して体を動かす機会が減りました。その結果、運動不足となり、体力も低下しています。昼間に体を動かすことで、体力が向上するだけでなく、お腹も空いて食事がおいしく食べられるようになったり、疲れてぐっすり眠ることができるようになるなど、生活リズムを整えることにもつながります。天気のいい日は、できるだけ外で遊びましょう。

11

第4問です。

「休みの日にたくさん眠れば、普段は寝る時間が短くてもよい。」 ○でしょうか、×でしょうか。

（子どもに考えさせてから）答えは、「×」です。

31

12

休みの日だけたくさん眠っても、睡眠不足を解消することはできません。それどころか、生活リズムがくずれる原因になってしまいます。睡眠時間は、ためておくことはできません。毎日、しっかりと眠るようにしましょう。4〜6年生のみなさんは、1日9時間以上の睡眠が必要です。夜は10時までに寝るようにしましょう。

13

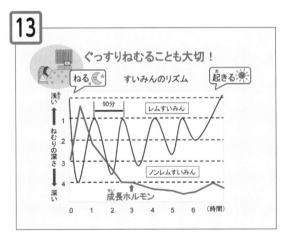

睡眠はどれだけ寝たか、時間も大切ですが、ぐっすり眠れているかどうかといった睡眠の質も大切です。睡眠には、眠りが浅いレム睡眠と眠りが深いノンレム睡眠の2種類があって、スライドのようなサイクルを繰り返します。そして、深い眠り（ノンレム睡眠）の時に、骨や筋肉の成長に欠かせない成長ホルモンがたくさん出ています。毎日、早ね早起きを心がけて、ぐっすり眠り、心も体も大きく成長しましょう。

14

クイズはどうでしたか？　生活リズムを整えるためのヒントが見つかりましたか？　今日からさっそくできることからはじめて、毎日を健康にすごしましょう。

『早ね 早起き 朝ごはん』

（　）年（　）組　名前 _____

早ね 早起き 朝ごはん ○×クイズにちょう戦！

　○×クイズに答えながら，どうすれば毎日を健康にすごせるのか考えてみましょう。

Q1．私たちの体の中には，時計がある。

こたえ1

Q2．朝ごはんを食べなくても，給食をしっかり食べればよい。

こたえ2

Q3．ねる前に，激しい運動をするとぐっすりねむれる。

こたえ3

Q4．休みの日にたくさんねむれば，ふだんはねる時間が短くてもよい。

こたえ4

生活リズムを整えて健康にすごすために，どんなことに気をつければよいかわかりましたか？

よくわかった　・　だいたいわかった　・　わからない

6月 歯を大切にしよう

ねらい

♣ 歯の役割及び歯みがきの意義と正しい方法を理解している。
♣ 自己の課題に気づき、正しい歯のみがき方を実践しようとする。

指導の実際

1

歯を大切にしよう

シナリオ

今日のテーマは、「歯を大切にしよう」です。まずは、歯の役割についてお話ししたいと思います。

2

歯の役割①
食べ物を「かむ」こと

歯がない

乳歯

モグ
モグ

食べ物を小さく
かみくだく

シナリオ

みなさんは、歯にはどのような役割があるか知っていますか？ 歯の一番大きな役割は、食べ物を「かむ」ことです。生まれたばかりの赤ちゃんには、まだ歯は生えていません。それは、お母さんのお乳やミルクしか飲まないからです。人によって時期は違いますが、だいたい生まれてから6か月くらいすると、とても小さくてかわいい乳歯と呼ばれる子どもの歯が生えはじめます。このころから、お乳やミルク以外にも、離乳食と呼ばれるなめらかにすりつぶした状態の食べ物を、少しずつ食べることができるようになります。
このように、歯には食べ物を小さく噛みくだいて、体に栄養を吸収しやすくする役割があります。

ほかにも、歯には大切な役割があります。それでは、問題です。もしも歯がなくなったら、いつものようにできなくなるのは、次の３つのうち、どれだと思いますか？
①国語の授業の音読
②休み時間のボール遊び
③ごはんを味わって食べること
（子どもに考えさせてから）答えは、全部です。それでは、１つずつ見ていきましょう。（ワークシートの□には、「全部」が入ります。）

まず、歯には声を出したり、話す役割があります。歯がそろっていると、はっきり話すことができて会話がスムーズにできます。歯がないと口から空気がもれてしまって、うまく声を出したり話をすることができません。また、食べ物を噛まなくなると、口のまわりの筋肉を鍛えることができず、発音もはっきりしなくなるといわれています。

次に、歯にはくいしばることで力を出す役割があります。運動したり、重い物を持つ時、歯をくいしばることで大きな力を出すことができます。みなさんがよく知っているスポーツ選手はみんな歯をとても大切にしています。なぜなら、丈夫な歯がないと、最高のパフォーマンスをすることができないからです。力を出すためには、健康な歯が必要なんですね。

6

シナリオ

そのほかにも、歯には食べ物の歯ごたえや食感、味を楽しむ役割があります。歯でしっかり噛むことで、おいしいと感じることができます。歯には大切な役割がたくさんありますね。

7

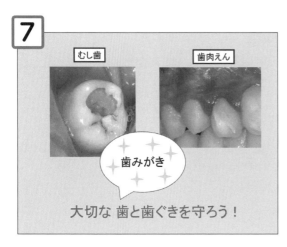

シナリオ

それでは、そんな大切な歯を、むし歯や歯肉炎（歯ぐきの病気）から守るためにはどうしたらいいと思いますか？
（子どもに考えさせてから）そう、歯みがきです。毎日きちんと歯みがきをして、大切な歯と歯ぐきを守りましょう。

8

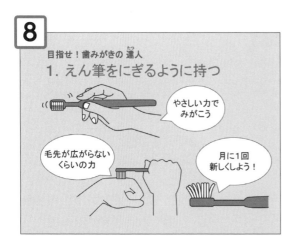

シナリオ

しっかり歯みがきをするために、大切なポイントが5つあります。まずは、歯ブラシの持ち方です。歯ブラシは、鉛筆をにぎるように軽く持つことが大切です。そして、歯に歯ブラシを当てた時に毛先が広がらないくらいのやさしい力でみがきましょう。また1か月に1回は歯ブラシを新しいものと交換しましょう。

9

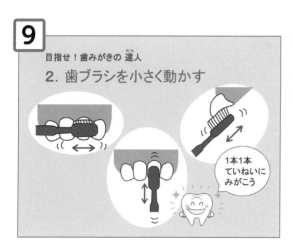

２つ目は、歯ブラシを小さく動かすことです。みがき残しがないように歯ブラシを細かく動かして、歯を１本１本丁寧にみがきましょう。

10

３つ目は、みがきにくい所に気をつけてみがくことです。「歯と歯の間」や「歯と歯ぐきの境目」、「奥歯の溝」などは、みがきにくい所です。「生えたての大人の歯（永久歯）」も背が低くて歯ブラシが届きにくいので、注意が必要です。隅々までしっかりと歯ブラシが届いているかどうか、鏡を見て確かめながらみがくのもいい方法です。

11

４つ目は、自分の舌で確かめることです。歯みがきの後、舌で歯の表面を触ってみて、歯がツルツルしていたら合格です。上手にみがくことができています。

12

最後は、歯みがきのタイミングです。朝と夜（寝る前）には、必ず歯をみがきましょう。みなさんが寝ている間、口の中ではむし歯菌がどんどん増えていきます。寝る前にしっかり歯をみがいて、口の中のむし歯菌をできるだけ減らしておくことが大切です。
もちろん、給食を食べた後も歯みがきをしましょう。できない場合も、ブクブクうがいをするようにしましょう。

13

シナリオ

歯みがきのポイントがわかりましたね。ポイントに気をつけて、今日からさっそく歯みがきを頑張って、歯を大切にしましょう。

14

シナリオ

みなさんは、「8020（ハチマルニイマル）運動」を知っていますか？　これは、1989年から、国と日本歯科医師会が「80才になっても20本以上自分の歯を保とう」と呼びかけている運動です。20本あれば、ごはんをおいしく食べることができて、生涯を健康にすごすことができるといわれています。みなさんも歯を大切にして、「8020」を目指してくださいね。

ワークシート

『歯を大切にしよう』

（　　）年（　　）組　　名前 _____

歯の役割（わり）

　歯の一番の役割（わり）は，食べ物を小さくかみくだいて，体に栄養（えいよう）をとりやすくすることです。でも，歯にはそのほかにも大切な役割（わり）がたくさんあります。

Q. もしも，歯がなくなったら…
　　いつものようにできなくなるのは，つぎのうちどれでしょう？

①　国語の授業（じゅ）の音読　　　②　休み時間のボール遊び

③　ごはんを味わって食べること

こたえ・・・

めざせ！歯みがきの達人（たつ）

　むし歯にならないためには，じょうずに歯をみがくことがとても大切です。みんなはできているかな？

```
★ 歯みがきのポイント ★ ----------------

　１．えん筆をにぎるように持って，やさしい力でみがく。

　２．歯ブラシを小さく動かして，歯を１本１本みがく。

　３．みがきにくいところ に 気をつけてみがく。

　４．みがき終わったら，"舌（した）"で歯をさわって確かめる。

　５．朝と夜（ねる前）には必（かなら）ず，歯をみがく。
```

歯みがきのポイントがわかりましたか？
　　　よくわかった　・　だいたいわかった　・　わからない

39

7月 熱中しょうに気をつけて夏を健康にすごそう!

── ねらい ──

♣ 熱中症予防のための情報及び方法を理解している。
♣ 熱中症が疑われた時の対処法を実践しようとする。

──── 指導の実際 ────

1

シナリオ

今日のテーマは、「熱中症に気をつけて夏を健康にすごそう!」です。梅雨が終わると、いよいよ夏本番です。気温が高くなるこの時期、熱中症に気をつけてほしいと思います。

2

熱中しょうって何？

めまい
立ちくらみ

はき気がする

呼びかけても反応しない

頭が痛い

体温が高くなる

シナリオ

みなさんは、熱中症がどんな病気か知っていますか？熱中症とは、暑さで体温を調節するしくみがうまく働かなくなって、めまいや立ちくらみがしたり、頭が痛くなったり、吐き気がしたり、呼びかけても反応しなくなったり、体温が高くなったりと、体に色々な不調があらわれる病気です。

3

熱中しょうになりやすいのは
どんな時？

- ☀ 急に暑くなる
- ☀ 暑くてムシムシする時に運動する
- ☀ 暑くてムシムシする部屋にいる
- ☀ あまりねむっていない
- ☀ 朝ごはんを食べていない
- ☀ 体の調子がよくない

シナリオ

熱中症になりやすいのは、体がまだ暑さに慣れていないいころに急に気温が高くなった時や、暑くて湿度が高い時に運動したり、温度や湿度が高い部屋にいる時です。また、睡眠不足の時や朝ごはんを食べていない時、体の調子がよくない時も、熱中症になりやすいので、注意が必要です。

4

熱中しょう 予防のポイント①

す　い　ぶ　ん　を こまめに とろう。

- 🥛 「のどがかわいた」と感じる前
- 🥛 運動する前
- 🥛 休み時間　など

シナリオ

熱中症を予防するためには、どのようなことに気をつければいいでしょうか？　○の中にはどのような言葉が入るか、一緒に考えてみましょう。
（子どもに考えさせてから）答えは、「すいぶん」です。汗をかくと、体から水分が失われるので、失った分、水分を補給することが大切です。いつもはお茶やお水で大丈夫です。喉が渇いたと感じるその前に、運動する前に、休み時間など飲めるタイミングに、少しずつこまめに飲みましょう。激しい運動をしてたくさん汗かいた時には、スポーツドリンクなどで水分と塩分を補給するようにしましょう。（ワークシートの○には、「すいぶん」が入ります。）

5

熱中しょう 予防のポイント②

運動 する時は,
３　０　分に1回, 休けいしよう。

シナリオ

次に、外で運動する時は、どのくらいの間隔で休憩するといいでしょうか？
（子どもに考えさせてから）答えは、「30」分に1回です。休憩は、体の温度を下げることが目的です。風通しのいい涼しい所で、水分をとって休憩するようにしましょう。（ワークシートの○には、「30」が入ります。）

6

熱中しょう 予防のポイント③

服装に気をつけよう。

ぼ う し を かぶって、

風通しの よい服を 着よう。

シナリオ

次は、服装についてです。○の中にはどんな言葉が入るでしょうか？
（子どもに考えさせてから）答えは、「ぼうし」です。外で遊ぶ時は帽子をかぶって、少しゆったりとした風通しのいい服を着るようにしましょう。（ワークシートの○には、「ぼうし」が入ります。）

7

熱中しょう 予防のポイント④

体調が よくない時 は、

う ん ど う をひかえよう。

シナリオ

最後は、体調がよくない時の行動についてです。どうすればいいでしょうか？
（子どもに考えさせてから）答えは、「うんどう」です。睡眠不足の時や朝ごはんを食べていない時、風邪をひいている時などは、無理に運動しないようにしましょう。（ワークシートの○には、「うんどう」が入ります。）

8

熱中しょう かな？と思ったら

近くにいる大人に知らせよう

呼びかけても
返事をしない時は、
すぐに
大人の人を呼ぼう！

シナリオ

熱中症予防のポイントがわかりましたね。ポイントに気をつけて予防していても、熱中症になってしまったら、すぐに運動をやめて近くにいる大人の人を呼びましょう。熱中症で倒れたり、動けなくなったりした時は、救急車を呼ぶ必要があります。自分のまわりでそんな人を見かけた場合も、すぐに大人の人を呼びましょう。

9

シナリオ
手当てとしては、日陰などの風通しのいい涼しい場所で、横になって休憩しましょう。また、着ている服を緩めましょう。足を少し高くすると、脳や心臓に血液がいきやすくなるので効果的です。

10

シナリオ
それから、水分と塩分をすばやくとることが大切です。熱中症かな？　と思った時には、お茶やお水ではなく、スポーツドリンクや経口補水液と呼ばれる飲み物を飲んで、水分と塩分を一緒にとりましょう。ただし、吐いている時など、水分と塩分をとることができない時は、病院でみてもらいましょう。

11

シナリオ
そして、体を冷やすことも大切です。腋の下、足の付け根、首元など、太い血管がある所を冷やすと、早く体を冷やすことができます。服の上からや、タオルで包んだ氷のうなどで冷やすようにしましょう。

12

熱中しょう に 注意して
毎日を健康にすごそう！

シナリオ

今日は、熱中症についてお話ししました。もうすぐ夏休みですね。夏休みはついつい生活リズムが乱れてしまいがちですが、「早ね・早起き・朝ごはん」を続けて、熱中症にならないよう注意して、毎日を健康にすごしてください。

Column

熱中症の分類

　熱中症の症状は、重症度によって次の３つの段階に分類されます。Ⅱ度では医療機関受診を、Ⅲ度では救急車の要請を検討します。

分　類		症　状	重症度
Ⅰ度	熱失神 熱けいれん	めまいや立ちくらみ 手足や腹筋のひきつれ	軽症
Ⅱ度	熱疲労	脱力感・だるさ・頭痛・吐き気	中等症
Ⅲ度	熱射病	高体温　意識障害	重症

　学校の管理下における熱中症の発生状況は、近年増加傾向にあります。

　校種別にみると、中学校・高等学校での発生が80％を超え、運動部での活動中に多く発生しています。小学校での熱中症の発生は中学校・高等学校に比べて少ないですが、体育の授業中や運動会などの活動中が半数を占めています（独立行政法人日本スポーツ振興センター「体育活動における熱中症予防調査研究報告書」、平成26年3月）。

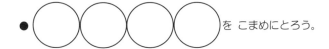

ワークシート

『熱中しょうに気をつけて　夏を健康にすごそう！』

（　）年（　）組　名前 _____

熱中しょう予防のポイント

- ○○○○ を こまめにとろう。

- 運動する時は，○○ 分に１回，休けいしよう。

- ○○○ を かぶって，風通しのよい服を着よう。

- 体調がよくない時は，○○○○ を ひかえよう。

熱中しょう かな？　と思ったら

- 近くの大人に知らせよう。

- 風通しのよい すずしい所で 横になろう。

- 水分と塩分をとろう。

- 体を冷やそう。

熱中しょうを予防するために，どんなことに気をつければよいか わかりましたか？

よくわかった　・　だいたいわかった　・　わからない

9月 生活リズムを整えよう

（※冬休み明けにも活用できます。）

ねらい

♣ 夏休み（冬休み）中の生活を振り返り、自己の課題に気づくことができる。

♣ 自己の課題から意思決定して実践しようとする。

指導の実際

1

生活リズムを整えよう

シナリオ

今日のテーマは、「生活リズムを整えよう」です。みなさんは、夏休み（冬休み）の間も規則正しい生活ができていましたか？　今からワークシートを使って、一緒に振り返ってみましょう。できていたことには、□に○印を書き込んでくださいね。

2

生活チェック①

毎朝、早く起きた。☐

7時には
起きようね。

シナリオ

それでは、はじめます。毎朝、早く起きることができましたか？　夏休み（冬休み）だから少しくらいいいかと思って、遅くまで寝ていた人はいませんか？　毎日決まった時間に起きることが大切でしたね。朝は7時には起きるようにしましょう。

3

生活チェック②

シナリオ

次は、歯みがきについてです。毎朝、朝ごはんの後に歯みがきができていましたか？　口の中のむし歯菌は、朝起きた時が1日でいちばん多くなっています。なぜなら、むし歯菌が増えるのを防いでくれるつば（唾液）が、眠っている間はほとんど出ないからです。夜だけでなく、朝もしっかりと歯をみがきましょう。

4

生活チェック③

シナリオ

1日3食、好き嫌いしないで、きちんとごはんを食べていましたか？　ごはんは、みなさんが活動するための大切なエネルギー源です。しっかり食べましょう。

5

生活チェック④

シナリオ

お天気のいい日は、外で体を動かしていましたか？クーラーの効いた涼しい部屋（暖房の効いた暖かい部屋）ですごしていたという人は、少しずつ体を動かして、体力を取り戻しましょう。

6

生活チェック⑤

シナリオ

テレビやゲーム、パソコン、スマートフォンなどは、時間を守って使うことができましたか？　夜遅くまで長い時間していると、目も疲れるし、眠れなくなってしまいます。テレビもゲームも、１日合わせて２時間までなどメディアコントロールして、時間を決めて使いましょう。

7

生活チェック⑥

シナリオ

ほぼ毎日、うんちが出ていましたか？　うんちの色や形で、体の調子を知ることができます。バナナの形やまきまきの形のうんちが出ると、体の調子がいい証拠です。こんなうんちが出るといいですね。

8

生活チェック⑦

シナリオ

夜の歯みがきも、きちんとできていましたか？　夜寝ている間はつば（だ液）がほとんど出ないので、むし歯菌が増えるのを防ぐことができません。それに、つば（だ液）を飲み込むことでむし歯菌を洗い流すこともできません。そのため、口の中のむし歯菌はどんどん増えてしまいます。寝る前の歯みがきはとても大切です。

9

生活チェック⑧

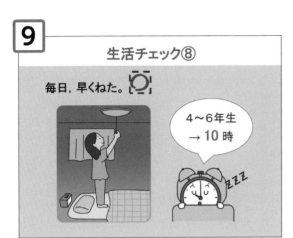

毎日，早くねた。

4〜6年生
→ 10 時

シナリオ
夜は早く寝ていましたか？　1日の疲れをとるためにも、体が成長するためにも、早く寝ることは大切です。4〜6年生のみなさんは10時には寝るようにしましょう。

10

○はいくつかな？

めあてを決めて
規則正しい生活をしよう！

シナリオ
今日は夏休み（冬休み）の生活を振り返ってみました。○はいくつつきましたか？　自分のめあてを決めて、規則正しい生活を心がけましょう。

『生活リズムを整えよう』

(）年（ ）組　名前 _____

夏休みの生活をふりかえろう♪　できていたことには，〇印をつけてね。

☐	毎朝，早く起きた。	☐	毎朝，歯みがきをした。
☐	朝・昼・夜，ごはんを好ききらいしないでしっかり食べた。	☐	天気のよい日は，外で体を動かした。
☐	テレビやゲームは，時間を守ってできた。	☐	ほぼ毎日，うんちが出た。
☐	毎日，夜の歯みがきをした。	☐	毎日，早くねた。

できていなかったことは何かな？　規則正しい生活をするために，がんばろうと思うことを書いてみましょう。

_____

_____

生活リズムを整えるために，どんなことに気をつければよいかわかりましたか？
よくわかった　・　だいたいわかった　・　わからない

10月 目を大切にしよう

---- ねらい ----

♣ 目を守るしくみを理解している。
♣ 生活の仕方における自己の課題に気づき、目を大切にできる
　よう意思決定して実践しようとする。

---- 指導の実際 ----

1

目を大切にしよう

シナリオ

今日のテーマは、「目を大切にしよう」です。いつも
何気なく使っている目ですが、目はみなさんが起きて
いる間、ずっと働いています。

2

目に関するクイズにちょう戦しよう！

？！

正しいのは
どっち？
6問
答えてね！

シナリオ

そんな働き者の目について、みなさんはどのくらい
知っていますか？　これから、目に関するクイズを6
問出します。さっそく挑戦してみましょう。正しいと
思う方の□に○印を書き込んでください。

3

第1問

目の上にまゆげがあるのは どうして？

① 顔を美しく（かっこよく） 見せるため

② あせや水が，目に 入るのを防ぐため

シナリオ

第1問です。目の上にまゆ毛があるのは、どうしてでしょう？
①顔を美しく（かっこよく）見せるため
②おでこから流れる汗や水が、目に入るのを防ぐため
（子どもに考えさせてから）答えは、②おでこから流れる汗や水が、目に入るのを防ぐため、です。

4

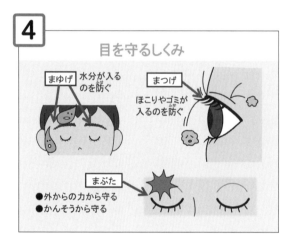

目を守るしくみ

まゆげ　水分が入るのを防ぐ

まつげ　ほこりやゴミが入るのを防ぐ

まぶた
● 外からの力から守る
● かんそうから守る

シナリオ

まゆげは、目に水分が入るのを防いで、目を守る役割をしています。まゆげのほかにも、目のまわりには目を守っている部分があります。それは、まつげとまぶたです。まつげは、目に埃やゴミが入るのを防いでいます。まぶたは、目を閉じることで、外からの衝撃から大切な目を守ったり、目が乾燥するのを防いだりしています。

5

第2問　目によいのは どっち？

① 緑色のものを見る

② 遠くの景色を見る

シナリオ

第2問です。目にいいのはどちらでしょう？
①緑色のものを見る
②遠くの景色を見る
（子どもに考えさせてから）答えは、②遠くの景色を見る、です。

6

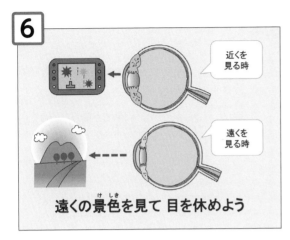

近くを
見る時

遠くを
見る時

遠くの景色を見て 目を休めよう

シナリオ

目は近くを見る時、目のまわりの筋肉を縮めて、見る物にピントを合わせます。そのため、筋肉は緊張していて、目はとても疲れています。遠くを見る時は、この筋肉を緩めることができるので、目を休ませることができます。学習している時やテレビやゲームをしている時など、時々窓の外の景色をながめたりして、目を休めるようにしましょう。

7

第3問　目がつかれてしまうのは どっち？

① ゲームをする

② 小さな字の本を読む

シナリオ

第3問です。目が疲れてしまうのはどちらだと思いますか？
①ゲームをする
②小さな字の本を読む
（子どもに考えさせてから）答えは、①ゲームをする、です。本を読んでいる時は、字が小さくても、上から下や左から右といった具合に、目は規則正しく動くので、それほど疲れません。

8

長い時間続けないで,
こまめに休けいをとろう

1日
2時間まで

シナリオ

テレビを見たりゲームをしたりする時は、目はあちこち見るためにたくさん動いています。その上、集中しすぎるとまばたきをすることを忘れてしまうので、目は乾燥してしまい、よけいに疲れてしまいます。テレビを見たりゲームをしたりする時は長い時間続けないで、時々休憩するようにしましょう。そして、1日2時間くらいまでにしましょう。

9

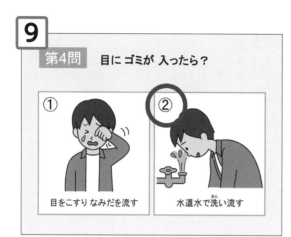

第4問　目に ゴミが 入ったら？

① 目をこすり なみだを流す
② 水道水で洗い流す

シナリオ

第4問です。目にゴミが入った時は、どうすればいいと思いますか？
①目をこすり涙を流す
②水道水で洗い流す
（子どもに考えさせてから）答えは、②水道水で洗い流す、です。

10

目をこすると 目が傷つきます

水道の水で取れない時は、洗面器の水の中で、目をパチパチ。

シナリオ

目をこすると、目が傷ついてしまうことがあるので、絶対にこすらないようにしましょう。水道の水を流しながら目を洗うといいでしょう。
それでもゴミがとれない場合は、洗面器に水道の水をためて、その中で目をパチパチしましょう。それでもどうしてもとれない時や、痛みがある時は、眼科で診てもらいましょう。

11

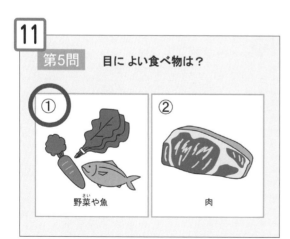

第5問　目に よい食べ物は？

① 野菜や魚
② 肉

シナリオ

第5問です。目にいい食べ物はどちらだと思いますか？
①野菜や魚
②肉（牛肉）
（子どもに考えさせてから）答えは、①野菜や魚、です。

野菜や魚に多く含まれるビタミンは、目の健康を保つために欠かせない栄養素です。不足すると、暗い所で目が見えにくくなる病気になったり、目が乾燥したり、疲れやすくなったりします。もちろん、何でも好き嫌いしないでバランスよく食べることが大切ですね。

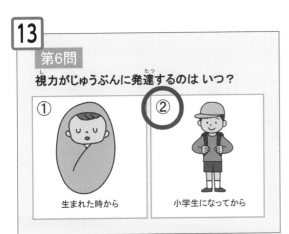

最後の問題です。視力が十分に発達するのは、いつごろだと思いますか？（視力とは、どのくらい見えるか、見る力のことです。）
①生まれた時から
②小学生になってから
（子どもに考えさせてから）答えは、②小学生になってから、です。

赤ちゃんのころは、お母さんの顔もわからないくらいぼんやりとしか見えていません。体が大きくなるにつれて、物や人がはっきりと見えるようになって、だんだんと見る力もついていきます。小学生のみなさんは、まだまだ体が成長している大切な時期なので、目を疲れさせると、視力が十分に育たないことがあります。それで、目を休ませることが大切です。

15

目にやさしい生活をしよう

ぐっすりねむって
目を休める

テレビ・ゲームは
時間を決めてする

姿勢を
正しくする

目を
大切に！

シナリオ
クイズはどうでしたか？　目のことが少しわかったと思います。ぐっすり眠って目を休める、テレビやゲームは時間を決めてする、本を読んだり字を書いたりする時は、姿勢を正しくして手元を明るくするなど、目にやさしい生活をして、目を大切にしましょう。

Column

視力の発達

　視力はものを見ることで脳が刺激され、徐々に発達していく感覚です。8歳頃までが視力発達の感受性期と考えられており、この時期に十分に視覚刺激をうけることで、視覚機能は発達すると考えられています。

　近年、子どもの近視が世界的に増えていると考えられています。平成30年度学校保健統計調査（文部科学省）によると、裸眼視力が0.3未満の小学生の割合は9.28%と、過去最高になっています。これは遠視、乱視も含んでいますが、多くは近視と考えられています。

　近視が増加している原因として、次のことが指摘されています。
・子どもの近視の抑制に効果があるとされている外遊びの減少
・スマートフォンやゲーム機の普及といった環境要因

　近視が進行すると将来、白内障や緑内障になるリスクが高くなるほか、網膜剥離など失明につながる病気のリスクも高くなるとされています。そのため、早期に発見し進行を予防すべきであると考えられています。

ワークシート

『目を大切にしよう』

（　）年（　）組　名前 _____

目に関するクイズにちょう戦！　正しいと思うほうに○印をつけよう。

1. 目の上にまゆげがあるのはどうして？

[　]　① 顔を美しく（かっこよく）見せるため。

[　]　② あせや水が、目に入るのを防ぐため。

2. 目によいのはどっち？

[　]　① 緑色のものを見る。

[　]　② 遠くの景色を見る。

3. 目がつかれてしまうのはどっち？

[　]　① ゲームをする。

[　]　② 小さな字の本を読む。

4. 目にゴミが入ったら？

[　]　① 目をこすりなみだを流す。

[　]　② 水道水で洗い流す。

Page.1

い食べ物は？

① 野菜や魚　　　② 肉　[　]

じゅうぶんに発達するのは、いつ？

① 生まれた時から。　　　② 小学生になってから。　[　]

い生活をしよう

ねむって、目を休める。

ゲームは、時間を決めてする。

しくしよう。

目を大切にするために、どんなことに気をつければよいかわかりましたか？
よくわかった　・　だいたいわかった　・　わからない

Page.2

57

11月 かぜを予防しよう

ねらい

♣ 風邪予防のための情報及び方法を理解している。
♣ 生活の中で風邪の予防法を実践しようとする。

指導の実際

1

シナリオ

今日のテーマは、「かぜを予防しよう」です。もうすぐ本格的な冬がはじまります。寒くなると、風邪をひきやすくなります。
今日は、風邪を予防するためにどのようなことに気をつければいいかについて、お話しします。

2

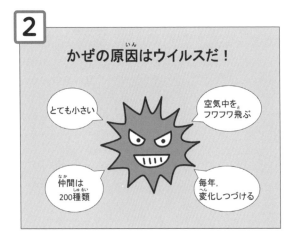

シナリオ

風邪をひき起こす原因は、ウイルスです。ウイルスは、目に見えないくらいとても小さくて（参考：ウイルスの大きさは、20〜400ナノメートル：1ナノメートルは10億分の1メートル）、空気中をフワフワと飛ぶことができます。フワフワと飛んでいるウイルスは、みなさんの体の中に入って、風邪をひかせようとねらっています。そんな風邪のウイルスは200種類以上あるといわれていて、毎年、姿や形を変えるので、何度も風邪をひいてしまいます。

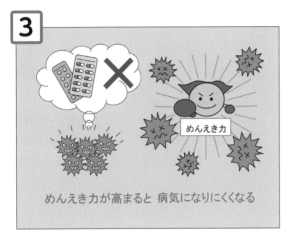

風邪のウイルスをやっつける薬は見つかっていません。風邪を治すことができるのは、みなさんの免疫力だけです。免疫力とは、病気などから自分の体を守ろうとする力のことです。免疫力が高まると病気になりにくくなります。

ウイルスが体の中に入り、病気がうつることを感染といいます。では、ウイルスはどこからやってくると思いますか？　ウイルスは、接触感染といって、例えばドアノブや手すり、電車やバスのつり革など、ウイルスのついた場所を触った手で、口や鼻などを触ることで体の中に入ります。また、飛沫感染といって、風邪をひいている人が、おしゃべりしたり咳をしたりして空気中に飛び出したウイルスが体の中に入ることでも、風邪をひいてしまいます。

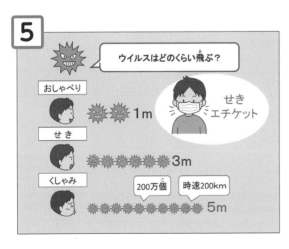

では、ウイルスはどのくらいの距離を飛ぶと思いますか？　ウイルスは、おしゃべりをすると1メートル、咳をすると3メートル、くしゃみをすると、なんと5メートルも飛びます。そのうえ、1回のくしゃみで飛ぶウイルスの数は約200万個で、その速さは、特急電車よりもはるかに速い時速200キロメートルといわれています。
風邪をひいている人は、まわりの人にうつさないようにマスクをつけるか、咳やくしゃみをする時には、鼻と口をハンカチや肘や腕で覆うようにしましょう。これを「咳エチケット」といいます。

6

手を洗わずに食べる子

シナリオ

そんな風邪のウイルスには、好きな子がいます。どんな子だと思いますか？
（子どもに考えさせてから）風邪のウイルスは、外から帰った時や食事の前に、手を洗わない子が大好きです。なぜなら、風邪のウイルスがついたままの手でごはんやおやつを食べてもらえると、そのまま体の中に入ることができるからです。

7

夜おそくまで起きている子

シナリオ

風邪のウイルスは、夜ふかしする子が大好きです。なぜなら、夜ふかしするとウイルスやバイ菌をやっつける体の免疫力が弱くなって、風邪をひきやすくなるからです。

8

食べ物に好ききらいのある子

シナリオ

風邪のウイルスは、食べ物に好き嫌いのある子が大好きです。なぜなら、好きな物ばかり食べて嫌いな物を食べないでいると、栄養がかたよって風邪をひきやすくなるからです。

9

かぜのウイルスはこんな子が 好き！

休み時間も教室の窓を開けない子

風邪のウイルスは、休み時間になっても教室の窓を開けない子が大好きです。休み時間の教室のようすです。ウイルスはあちこちただよって、「どの子に風邪をひかせようかな」と考えています。窓を開けるときれいな空気が教室の中に入ってきて追い出されてしまうので、空気の入れ換えをしないでほしいと思っています。風邪のウイルスの好きな子を紹介しました。思い当たる人はいませんか？　どうすれば風邪のウイルスが体の中に入るのを防いで、風邪を予防できるでしょうか？　一緒に考えてみましょう。

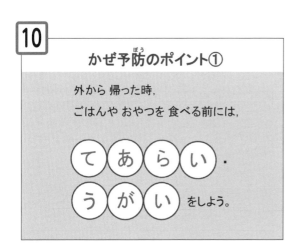

10

かぜ予防のポイント①

外から 帰った時,

ごはんや おやつを 食べる前には,

て あ ら い ・

う が い をしよう。

風邪を予防するための大切なポイントが４つあります。〇にはどんな言葉が入るか、一緒に考えてみましょう。１つ目です。（子どもに考えさせてから）答えは、「てあらい」・「うがい」です。外から帰った時やごはんやおやつを食べる前には、手洗い・うがいをしましょう。（ワークシートの〇には、「てあらい」と「うがい」が入ります。）

11

かぜのウイルスはこんな子が 苦手！

石けんできちんと手を洗う子

風邪のウイルスは、石けんできちんと手を洗う子が苦手です。石けんをしっかりと泡立てて、手についたウイルスを洗い流しましょう。

12

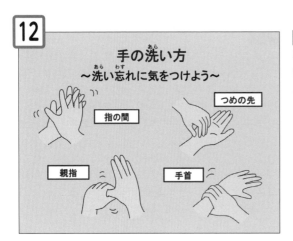

シナリオ

手を洗う時に、風邪のウイルスが残りやすい所があります。指と指の間、爪の先、親指、そして、手首です。これから水は冷たくなりますが、洗い忘れに注意して、しっかりとウイルスを洗い流してくださいね。

13

シナリオ

2つ目です。（子どもに考えさせてから）答えは、「10」時です。睡眠を十分とることで、体の疲れをとったり、体を成長させるだけではなく、免疫力（風邪のウイルスをやっつける力）を高めることができます。夜は10時までに寝ましょう。（ワークシートの〇には、「10」が入ります。）

14

シナリオ

3つ目です。好き嫌いしないで、なんでもバランスよく食べることです。特に、冬が旬の食べ物はビタミンなどの栄養がたっぷりで、食べると風邪を予防することができるといわれています。しっかり食べましょう。

15

４つ目です。（子どもに考えさせてから）答えは、「かんき」です。１時間に１回は、窓を開けて換気をしましょう。これからの季節、暖房を使うようになると、暖かい空気を逃がさないようにと窓を閉めがちです。そうすると、教室の中は風邪のウイルスでいっぱいになってしまいます。休み時間には必ず外側と廊下側の両方の窓を開けて、５分間は換気をするようにしましょう。また、暖房をつけていると空気が乾燥してしまいます。風邪のウイルスは乾燥した空気が好きなので、加湿器を使ったり濡れタオルを干したりして、加湿するようにしましょう。(ワークシートの○には、「かんき」が入ります。)

16

風邪を予防するためのポイントがわかりましたか？どうやら、風邪のウイルスは、元気いっぱいの子どもが苦手なようです。風邪のウイルスに負けないように、今日お話ししたことに気をつけて、健康にすごしてくださいね。

『かぜを予防しよう』

(）年（ ）組　名前 ＿＿＿＿＿＿＿＿＿＿＿＿＿＿＿＿

かぜのウイルスは こんな子が 好き！

- 手を洗わずに 食べる子

- 夜おそくまで 起きている子

- 食べ物に 好ききらいのある子

- 休み時間も 教室の窓を開けない子

かぜ予防のポイント

- 外から帰った時，ごはんやおやつを食べる前には，

  ◯◯◯◯・◯◯◯ をしよう。

- 夜は，◯時までに ねよう。

- 好ききらいしないで，なんでも食べよう。

- 1時間に1回は，窓を開けて ◯◯◯ をしよう。

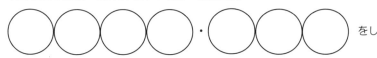

> かぜを予防するために，どんなことに気をつければよいかわかりましたか？
>
> よくわかった　・　だいたいわかった　・　わからない

12月 インフルエンザを予防しよう

ねらい

- ♣ インフルエンザを予防するための情報及び方法を理解している。
- ♣ インフルエンザが疑われた時の対処法を実践しようとする。

指導の実際

1

インフルエンザを
予防しよう

シナリオ

寒い冬がやってきました。今日のテーマは、「インフルエンザを予防しよう」です。毎年12月頃から3月頃にかけて、インフルエンザが流行します。どうすればインフルエンザを予防できるか、みなさんで考えてみましょう。

2

インフルエンザはどのようにしてうつる？

インフルエンザ
ウイルス

シナリオ

インフルエンザの原因は、インフルエンザウイルスです。どのようにしてうつるかというと、飛沫感染といって、インフルエンザにかかっている人が咳やくしゃみをして空気中に飛び出したウイルスを鼻や口から吸い込んだり、接触感染といって、ウイルスがついたままの手で鼻や口を触ることで、ウイルスが体の中に入り、インフルエンザにかかってしまいます。

3 インフルエンザとかぜのちがい

インフルエンザは、ふだんみなさんがひく風邪と、どう違うと思いますか？　風邪は、喉の痛みや咳、鼻水など、呼吸をする時に空気の通り道となる所（鼻・口・喉）の症状からはじまって、熱は出ないこともあれば、37～38℃くらいの熱が出ることもあるなど、ゆっくりと症状が出ます。一方、インフルエンザは、風邪と違って、急に寒気がして体がだるくなり、38～40℃の高い熱が出ます。そして、体の節々が痛くなります。このように急激に症状が出ます。

4 インフルエンザ予防のポイント①

インフルエンザを予防するためにはどうすればいいでしょうか？　大切なポイントが5つあります。1つ目のポイントは、正しい手洗いです。石けんを使って爪の先から手首まで、丁寧に洗いましょう。洗ったら水で十分に流して、清潔なタオルやペーパータオルでよく拭き取って乾かします。そうすることで、手についたウイルスが体の中に入るのを防ぐことができます。（ワークシートの□には「て」が入ります。）

5 インフルエンザ予防のポイント②

2つ目は、体温を上げてウイルスをやっつける免疫力を高めることです。みなさんの体にはもともと、体の中に入ってきたウイルスをやっつける力があります。その力が最もよく働くのは37℃くらいといわれています。少し高いように思うかもしれませんが、寒くても外でしっかりと体を動かして、体温を上げるようにしましょう。（ワークシートの□には「たいおん」が入ります。）

6 インフルエンザ予防のポイント③

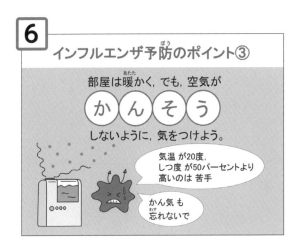

部屋は暖かく，でも，空気が

かんそう

しないように，気をつけよう。

気温 が20度，
しつ度 が50パーセントより
高いのは 苦手

かん気 も
忘れないで

シナリオ

　３つ目は、部屋を暖かくして、空気が乾燥しないように気をつけることです。インフルエンザウイルスは、寒くて乾燥した空気が大好きです。そのため、部屋を暖かくして空気を乾燥させないことが予防になります。だいたい気温が 20℃、湿度が 50 パーセントよりも高い空気が、インフルエンザウイルスは苦手なようです。教室でも、濡れたタオルを干したり霧吹きを使ったりして、湿度を上げるようにしましょう。また、休み時間には窓を開けて、換気をすることも忘れないでくださいね。（ワークシートの□には「かんそう」が入ります。）

7 インフルエンザ予防のポイント④

人が集まるところへ
出かけるのは やめよう。

どうしても
出かける時は，
マスクをつけよう

シナリオ

　４つ目は、人混みへの外出を控えることです。インフルエンザは、感染力といって、病気が人にうつる力がとても強い病気です。そのため、インフルエンザが流行している時には、人が集まる場所へ出かけるのは控えるようにしましょう。どうしても出かける時は、マスクをつけましょう。

8 マスクのつけ方

ポイントがあるよ！

鼻 の形 に合わせる

あごまで 広げる

せき・くしゃみが出るという人が つけてね！

シナリオ

　マスクのつけ方にはポイントがあります。まず、マスクを顔に合わせて鼻の所を指でぐっと押さえて、鼻の形に合わせます。そして、耳にゴムひもをかけて、マスクを顎まで広げます。この時、鼻と頬の所に隙間がないことを確かめましょう。
　インフルエンザウイルスはとても小さく、空気中をフワフワと浮いていて、マスクをすり抜けてしまうことがあります。でも、咳やくしゃみによって体から飛び出したウイルスは鼻水等の水分とくっついているので、マスクでキャッチすることができます。咳やくしゃみが出る人は、必ずマスクをつけるようにしましょう。

9

インフルエンザ予防のポイント⑤

ワ ク チ ン を接種しよう。

インフルエンザが流行する前に接種しよう

めんえき

シナリオ

そして、5つ目はワクチンを接種することです。人間には、1度体の中に入ってきた病原体を記憶して、再び病原体が入ってきたらやっつける働きがあります。これを「免疫」といいます。免疫ができると、病気にかかりにくくなったり、かかっても症状が軽くてすみます。この体のしくみを利用した予防法が予防接種です。毎年、秋の終わりごろになると、インフルエンザワクチンの接種がはじまります。インフルエンザが流行する前に接種しておくことをおすすめします。(ワークシートの□には「ワクチン」が入ります。)

10

インフルエンザにかかったかも？

お医者さんにみてもらいましょう！

検査してみようね

学校には来れません

×

シナリオ

予防していても、「インフルエンザにかかってしまったかも？」と思った時は、必ず病院で検査をしてもらいましょう。インフルエンザとわかった時は、決まった期間、学校へ来ることができません。インフルエンザが流行するのを防ぐためです。熱が下がってもしっかりと休んでくださいね。

11

インフルエンザにかかってしまったら

とにかく体を休めよう

スポーツドリンク 水分

おなかにやさしい食べ物

シナリオ

インフルエンザにかかってしまったら、とにかく体を休めることが大切です。十分に睡眠をとるようにしましょう。それから、脱水症状を防ぐために、こまめに水分をとることが大切です。熱が高い時は、スポーツドリンクで水分をとってもいいでしょう。そして、おなかにやさしい食べ物を少しずつ食べるようにしましょう。

12

インフルエンザは
かからない・うつさないを心がけることが大切！

インフルエンザは、一人ひとりがかからないこと、う
つさないことを心がけることが大切です。今日学習し
たことを実践して、今年の冬も健康にすごしましょう。

Column

インフルエンザによる出席停止期間

発症後、5日を経過し、かつ解熱後2日を経過するまで出席停止です。

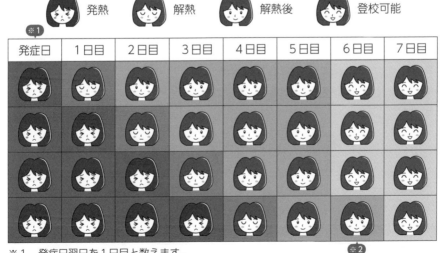

※1　発症日翌日を1日目と数えます。
※2　発症から5日を経過しても、解熱してから2日を経過しなければ登校はできません。

『インフルエンザを予防しよう』

（　　）年（　　）組　　名前 _____

インフルエンザ予防のポイント

● ☐ を洗おう。

● ☐☐☐☐ を上げて，ウイルスをやっつける力を強く

しよう。

● 部屋は暖かく，でも，空気が

☐☐☐☐ しないように気をつけよう。

● 人が集まる所へ 出かけるのは やめよう。

● ☐☐☐☐ を接種しよう。

インフルエンザにかかったら

● まずは，お医者さんにみてもらいましょう。

● 十分にすいみんをとり，体を休めましょう。

● スポーツドリンクなどで水分をとりましょう。

● おなかにやさしい食べ物を少しずつ食べるようにしましょう。

> インフルエンザは，一人ひとりが
> 『かからない』『うつさない』を心がけることが大切です。

> インフルエンザを予防するために，どんなことに気をつければよいかわかりましたか？
> よくわかった　・　だいたいわかった　・　わからない

うんちは体からの メッセージ

ねらい

♣ うんちの働きを理解している。
♣ すっきりうんちをするための情報及び方法を生活の中で実践
しようとする。

指導の実際

1

シナリオ

今日のテーマは、「うんちは体からのメッセージ」です。
うんちというと、「きたない」「くさい」「はずかしい」
そんな声が聞こえてきそうですが、うんちを知ること
は、自分の体のようすを知る、とても大切な体の学習
なんです。

2

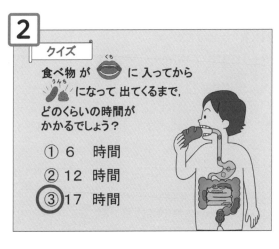

シナリオ

今からクイズを出します。食べ物が口に入ってから、
うんちになって出てくるまで、どのくらいの時間がか
かると思いますか？　次の3つの中から答えてくださ
い。
① 6時間
② 12時間
③ 17時間
（子どもに考えさせてから）答えは、③ 17時間、です。
食べた物によっては、うんちになって出てくるまで、
24時間くらいかかることもあります。

3

シナリオ

今朝、みなさんが食べた朝ごはんは、口の中で噛みくだかれて胃の中でドロドロに消化されます。みなさんが昼休みに学校で遊んでいるころに、長い長い小腸で栄養分をしっかり吸い取ります。そして、みなさんが夜寝ているころに、大腸で水分を吸い取ります。うんちになって肛門から出てくるのは、次の日の朝になります。

4

シナリオ

次に、うんちの働きについて考えたいと思います。うんちには大切な働きが2つあります。1つ目は、体の中にたまったいらない物を出す働きです。私たちは、健康にすごすために必要な栄養を、毎日の食事からとっています。そしていらなくなった物は、「うんち」として体の外に出しています。もしも、うんちが出ないまま放っておくと、食欲がなくなる、おならや息が臭くなる、イライラする、お腹が張って痛くなるなどの困ったことが起こります。

5

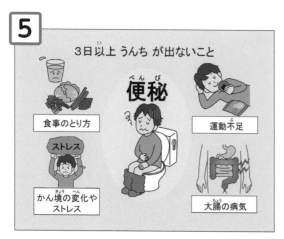

シナリオ

3日以上うんちが出ないことを「便秘」といいます。便秘の原因は、水分や食物繊維が不足するといった食事のとり方や運動不足など、さまざまな要因がありますが、環境の変化やストレス、大腸の病気が原因の場合もあります。便秘になってしまったら放っておかず、生活習慣を見直してみることが大切です。

6

うんちの働き②

体の調子を教えてくれる

においは
あまりしない

元気な時の
うんち

バナナうんち・まきまきうんち

2つ目は、体の調子を教えてくれる働きです。みなさんは、自分のうんちをチェックしていますか？　うんちの色や形、においから、自分の体の調子を知ることができます。例えば、バナナの形やまきまきの形のうんちは、においもあまりしなくて、力を入れなくてもすっきり出ますね。これは元気な時に出るうんちです。こんなうんちが毎日できるといいですね。

7

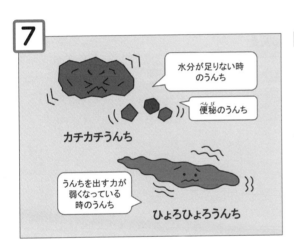

水分が足りない時
のうんち

便秘のうんち

カチカチうんち

うんちを出す力が
弱くなっている
時のうんち

ひょろひょろうんち

カチカチの硬いうんちは、大腸に長くいて、水分を吸い取られすぎたうんちです。便秘だと、こんなうんちになることがあります。水分をしっかりとるようにしましょう。ひょろっとした軟らかいうんちは、運動不足などでうんちを出す力が弱くなっている時に出るうんちです。

8

水分が多すぎる時
のうんち

とってもくさい

おなかの調子が
よくない時のうんち

ベチャベチャうんち（げり）

うんちを観察して健康チェックしよう！

ベチャベチャのうんちは、腸で水分が吸い取られないで、水分をたくさん含んだままのうんちです。においもとても臭いです。お腹の調子が悪い時に、こんな水みたいなうんちが出たことはありませんか？
このように、うんちを観察すると体の調子がよくわかりますね。

9

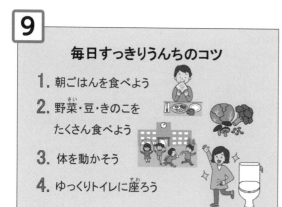

毎日すっきりうんちのコツ

1. 朝ごはんを食べよう
2. 野菜・豆・きのこを
   たくさん食べよう
3. 体を動かそう
4. ゆっくりトイレに座ろう

シナリオ

それでは、毎日すっきりうんちをするためには、どうすればいいでしょうか？ 4つのコツをお話しします。1つ目は、朝ごはんを食べることです。朝ごはんを食べると、それを合図に胃や腸が動き出してうんちが出やすくなります。2つ目は、野菜や豆、きのこ類など、食物繊維を含む食べ物を食べることです。食物繊維はいいうんちのもとになります。水分をとることも忘れないでくださいね。3つ目は、体を動かすことです。筋肉がつくと、うんちを押し出す力もつきます。4つ目は、ゆっくりトイレに座る時間を作ることです。うんちを我慢しないことも大切です。学校でうんちをしたくなったら、我慢しないでトイレに行きましょう。

10

うんちは体からのメッセージ

毎朝 すっきり！
いいうんちで1日を健康にすごそう！

シナリオ

今日はうんちについてお話ししました。毎日すっきりうんちをするために、大切なコツがわかりましたね。毎日うんちを観察して体からのメッセージを受け取って、1日を健康にすごしましょう。

『うんちは体からのメッセージ』

( )年( )組　名前 _____

からだクイズ

　食べ物が口に入ってから うんちになって出てくるまで，どのくらいの時間がかかるでしょう？

　① 　6 時間

　② 　12 時間

　③ 　17 時間

こたえ _____

うんちの働き

　① 体の中にたまった "いらないもの" を出す。

　② 体の調子を教えてくれる。

毎日すっきりうんちのコツ

● 朝ごはんを食べよう。

● 野菜・豆・きのこをたくさん食べよう。

● 体を動かそう。

● ゆっくりトイレに座ろう。

毎日すっきりうんちをするために，どんなことに気をつければよいかわかりましたか？
　　よくわかった　・　だいたいわかった　・　わからない

寒さに負けない体を作ろう

ねらい

♣ 寒さに負けない体作りのための情報及び方法を理解している。

♣ 風邪をひいた時の対処法を実践しようとする。

指導の実際

1

シナリオ

今日のテーマは、「寒さに負けない体を作ろう」です。いよいよ冬本番となり、風邪やインフルエンザが流行する季節になりました。今日は、寒さに負けない体作りのコツを、3つお話ししたいと思います。できているという人は、ワークシートの□に○印を書き込んでくださいね。

2

シナリオ

1つ目は、厚着をしすぎないことです。今から厚手の上着にマフラーや手袋までしている人はいませんか？厚着をしていると、少し体を動かしただけで汗をかいてしまいます。その汗で体が冷えて、風邪をひいてしまうことになります。朝夕は少し暖かい服装にして、昼間は1枚脱いですごすなど、自分で調節しましょう。テレビの天気予報などで、その日1日の最高・最低気温や、服装指数を知ることもできるので、参考にするといいですね。

3

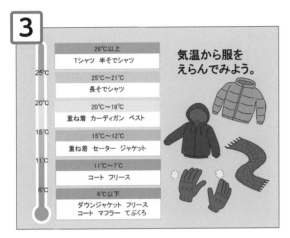

気温	服装
26℃以上	Tシャツ　半そでシャツ
25℃〜21℃	長そでシャツ
20℃〜16℃	重ね着　カーディガン　ベスト
15℃〜12℃	重ね着　セーター　ジャケット
11℃〜7℃	コート　フリース
6℃以下	ダウンジャケット　フリース コート　マフラー　てぶくろ

気温から服を
えらんでみよう。

人によって寒さの感じ方には違いがありますが、気温が11℃より低い時は、フリース素材などの防寒着が必要になるといわれています。今から寒さに慣れておくことも大切です。気温を参考にして、自分に合った服装をしてみてください。

4

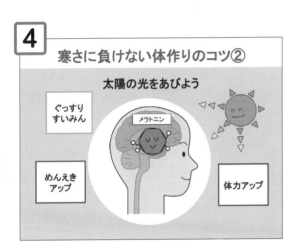

寒さに負けない体作りのコツ②

太陽の光をあびよう

ぐっすり
すいみん

メラトニン

めんえき
アップ

体力アップ

２つ目は、太陽の光をあびることです。太陽の下で体を動かせば、体力がアップします。おすすめは、朝一番の運動です。運動すると、体温が上がります。そうすると脳が活性化され、学習にも集中して取り組むことができるようになります。

それに、太陽の光をあびると、脳から「セロトニン」というホルモンが分泌されます。セロトニンは、夜に向けて「メラトニン」というホルモンに変身して、暗くなると、体に「眠くなれ〜」と働きかけます。そうすると、ぐっすり眠ることができます。ぐっすり眠ると、免疫力（病気に負けない力）が高まり、風邪などの病気にもかかりにくくなります。

5

寒さに負けない体作りのコツ③

朝ごはんに
温かい物を食べよう

３つ目は、朝ごはんを食べることです。朝ごはんを食べると、体の活動が活発になって体温が上がります。すると、眠っている体と脳が目覚めます。ごはんやパンと一緒に、温めた牛乳やカップスープ、味噌汁など、温かい食べ物もとれるといいですね。

6

体を温める食べ物

シナリオ

冬に旬を迎える野菜や果物は栄養満点で、体を温める働きがあります。たくさん食べるようにしましょう。

7

体温

いちばん元気！

37.0℃

低いと…

35.6℃

イライラ・カーッとなる

集中力がない

よくかぜをひく

シナリオ

ヒトは、体温が37℃くらいの時が一番健康にすごすことができます。少し高いように思うかもしれませんが、体の中の血液の流れがよくなって、運動した時と同じように、免疫力を高めることができます。逆に、体温が低いと、すぐにカーッとなったりイライラしたり、学習に集中できなかったり、風邪をひきやすくなったりしてしまいます。最近では、体温が低い子どもが増えているそうです。運動不足や夜型の生活、ゲームなどによって自律神経が乱れているからといわれています。寒さに負けないよう、朝ごはんに限らず、体を温めてくれる食べ物をたくさん食べたり、運動したりするようにしましょう。

8

かぜをひいたかな？と思ったら

早めの休養

栄養と水分

マスクをつけよう

病院へ行こう！

熱が高い時
長引く時は

シナリオ

今日は、寒さに負けない体を作るためのコツをお話ししました。それでも風邪をひいてしまった時は、早めの休養（十分な睡眠時間をとろう）と、十分な栄養と水分をとるようにしましょう。まわりの人にうつさないために、マスクをつけることも忘れないでくださいね。熱が高い時やなかなかよくならない時は、病院に行ってお医者さんに診てもらいましょう。

9

寒さに負けないで健康にすごそう！

水も冷たく感じられるようになりましたが、手洗い・うがいをこまめにすることも忘れずに、寒さに負けず健康にすごしましょう。

指導に当たっての留意点

低体温

　低体温の主な原因は、生活習慣や睡眠リズムの乱れによって、自律神経の働きがうまく機能しなくなることと考えられます。まれに甲状腺ホルモンなど、ホルモンバランスが崩れることによって低体温になっていることもあるので、考慮して指導に当たる必要があります。

正しい体温の測り方（腋での測定）

　測る前に、腋の汗を拭きとります。また測っている間は動かずに、じっとしているのが基本です。
（1）腋のくぼみの中央に体温計の先をあてます。下から上に少し押し上げるようにはさみます。
（2）上半身に対して 30°くらいになるよう体温計の角度を調整して腋をしっかりと閉じます。腋と体温計が密着するように腕を軽く押さえます。

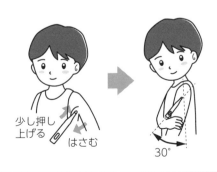

少し押し上げる　はさむ　30°

『寒さに負けない体を作ろう』

（　　）年（　　）組　名前 _____

寒さに負けない体作りの コツ

できている人は〇をつけよう。

① 厚着（あつぎ）をしすぎないで，

　　　　　　気温に合った服装（そう）をする。

　　　　　　　　　　　　　　　　① ☐

② 太陽の光をあびよう。

　　　　　　　　　　　　　　　　② ☐

③ 朝ごはんに温かい物を食べよう。

　　　　　　　　　　　　　　　　③ ☐

かぜをひいたかな？と思ったら

① 早めに休養（よう）しよう。

② 栄養（えいよう）と水分をとろう。

③ マスクをつけよう。

④ 病院へ行こう。

> 手あらい・うがい をこまめにして，
>
> 　　　寒さに負けず 健康（けんこう）に すごしましょう。

寒いきせつを健康（けんこう）にすごすために，どんなことに気をつければよいかわかりましたか？
　　　よくわかった　　・　　だいたいわかった　　・　　わからない

大切なすいみん

ねらい

♣ 睡眠の働きと必要な睡眠時間について理解している。
♣ ぐっすりと眠るコツをふまえ、睡眠に関する自己の課題に気づき、意思決定して実践しようとする。

指導の実際

1

シナリオ

今日のテーマは、「大切なすいみん」です。眠ることを"すいみん"といいます。今日は、睡眠について考えてみましょう。

2

シナリオ

はじめに、ことわざクイズをしたいと思います。ことわざとは、昔から人々の間でいい伝えられている言葉です。
それでは、○の中にはどんな言葉が入るでしょう？
（子どもに考えさせてから）答えは、「ねる」です。「よく眠ることは健康な証拠で、そのような子は丈夫に育つ。」といわれています。睡眠と健康で丈夫に育つことには、どんな関係があるのでしょうか。

3

シナリオ

日本の子どもは、世界で一番、睡眠時間が短いといわれています。また、40年前の子どもと今の子どもの睡眠時間を比べると、今の子どもの方が1時間30分も睡眠時間が短いそうです。テレビやゲームが広まったことなど、生活の仕方が変化したからかもしれません。

4

シナリオ

睡眠時間が不足すると、頭が痛くなったり、気持ちが悪くなったりして、体の調子が悪くなります。それに、イライラしたり、ボーっとしたりして授業に集中できなくなるなど、心の調子にも悪い影響を与えてしまいます。このような状態が続くと、肥満や糖尿病、高血圧といった生活習慣病の原因になることがわかってきました。睡眠はみなさんの健康に大きく関係していることがわかりますね。

※糖尿病…血液中の糖の量が多くなる。目の病気・腎臓の病気・心臓病・脳卒中の原因になる。
※高血圧…血圧が高い。心臓病や脳卒中の原因になる。

5

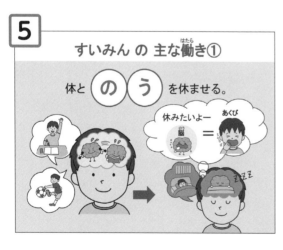

シナリオ

睡眠には、主に2つの働きがあります。1つ目は、手や足など、体を動かす所の体と、頭の中の脳を休ませる働きです。脳は、毎日たくさんの情報を処理したり、体のいろいろな所に命令を出したりして、一生懸命働いています。そのため、夜になると、体だけでなく、脳も疲れているので、しっかりと眠って疲れをとることが大切です。
脳はとても疲れている時、「休みたいよー」というサインを出します。それが「あくび」です。「今日はあくびがよく出るなぁ」と感じる日は早く寝るようにしましょうね。（ワークシートの○には、「のう」が入ります。）

6

すいみん の 主な働き②

ほねや きんにく を成長させる。

成長ホルモン

シナリオ

2つ目の働きは、体の中の骨や筋肉を成長させる働き
です。みなさんが眠っている間に、体の成長を促す成
長ホルモンがたくさん分泌されます。この成長ホルモ
ンによって、骨は伸び、筋肉はより強くなるように作
られます。（ワークシートの○には、「ほね」と「きん
にく」が入ります。）
このように、みなさんが成長するために、睡眠はとて
も大切です。「寝る子は育つ」のことわざは本当でし
たね。

7

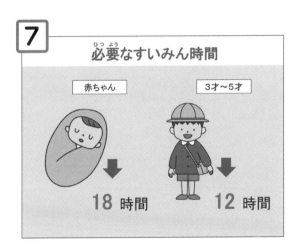

必要なすいみん時間

赤ちゃん　3才〜5才

18 時間　12 時間

シナリオ

それでは、どのくらいの時間、眠ればいいと思います
か？　必要な睡眠時間は、年齢によって違います。例
えば、生まれたばかりの赤ちゃんは、ミルクを飲んだ
り泣いたりする以外は、ほとんど眠っています。保育
園や幼稚園に通うころになると、1日の半分くらいの
睡眠時間でよくなります。

8

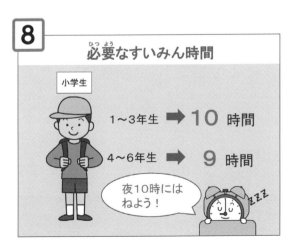

必要なすいみん時間

小学生

1〜3年生 ➡ 10 時間

4〜6年生 ➡ 9 時間

夜10時には
ねよう！

シナリオ

小学生のみなさんは、どのくらいの睡眠時間が必要だ
と思いますか？
（子どもに考えさせてから）1〜3年生では10時間、
4〜6年生のみなさんは9時間の睡眠時間が必要だと
いわれています。（ワークシートの□には、「9」が入
ります。）朝は7時に起きるとして、9時間睡眠をと
るためには、遅くても夜10時には寝るようにしま
しょう。

9

ぐっすりねむるために

① ねる前のテレビ・
　ゲームはやめよう

② 部屋の
　電気を消そう

③ 目が覚めたら
　太陽の光をあびよう

シナリオ

それから、睡眠はぐっすり眠ること、つまり「質」も大切です。ぐっすり眠るために大切なことを3つお話しします。1つ目は、寝る1時間前にはテレビやゲームはやめましょう。テレビを見たりゲームをすると脳が興奮して眠れなくなったり、眠りが浅くなったりしてしまいます。2つ目は、布団に入ったら部屋の電気を消しましょう。部屋が真っ暗だと怖くて眠れない人は、薄暗い明かりを足元につけるといいでしょう。3つ目は、朝、目が覚めたらカーテンを開けて、太陽の光をあびましょう。そうすると、脳が目覚めて体のリズムが整いますよ。

10

すいみんをしっかりとって
毎日を健康にすごそう

シナリオ

今日は、睡眠の大切さについて考えました。ぐっすり眠るためのコツがわかりましたか？　どうすればぐっすり眠ることができるか、目標を考えてワークシートに書き込みましょう。今日からいい睡眠をしっかりとって、毎日を健康にすごしましょう。

ワークシート

『大切なすいみん』

（　　）年（　　）組　名前 ＿＿＿＿＿＿＿＿＿＿＿＿＿＿

すいみんの主な働（はたら）き

- 体と〇〇を休ませる。
- 〇〇や〇〇〇〇を成（せい）長させる。

必要（ひつよう）なすいみん時間

小学校　1～3年生　・・・　１０　時間

小学校　4～6年生　・・・　［　　］　時間

ぐっすりねむるコツ

- ねる１時間前には，テレビやゲームをやめよう。
- ふとんに入ったら，部屋の電気を消そう。
- 目が覚（さ）めたら，太陽の光をあびよう。

ぐっすり ねむるために がんばること

ぐっすりねむるために，どんなことに気をつければよいかわかりましたか？

よくわかった　・　だいたいわかった　・　わからない

付属の CD-ROM ◉ には、低学年（1～3年生）を対象としたパワーポイント教材
（p.86～92 参照）とワークシート（p.93～96 参照）を収録しています。

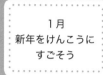

<table>
<tr><td>

3月
けがをふせごう

</td><td>

①
けがをふせごう

</td><td>

②
けがでほけん室に来た人の数
④ ⑦ ① 人

</td><td>

③
んな時にけがをしているでしょうか？
1い 中間休み　2い 昼休み　3い 体育のじゅ業中

</td></tr>
<tr><td>

④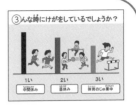
な場所でけがをしているでしょうか？
1い 運動場　2い 教室　3い 体育館

</td><td>

⑤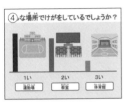
教室で けが がおこるのはなぜ？
けがをふせぐために
気をつけることを考えよう！

</td><td>

⑥
どんな けが をしているでしょうか？
1い すりきず　2い 打ぼく　3い ねんざ

</td><td>

⑦
けがをふせぐために 大切なこと
★まわりをよく見よう。
★学校の き ま り を守ろう。

</td></tr>
<tr><td>

⑧
気をつけていても
けがをしてしまったら
あわてないで
ほけん室へ
行きましょう
でも、その前に →

</td><td>

⑨ 自分で できる けがの手当て①
すりきずの手当て
きず口を水道の水で
よくあらい流そう。
あらい終わったら
ハンカチでおさえよう

</td><td>

⑩ 自分で できる けがの手当て②
鼻血の止め方
ココ
下を向いて
5分間 鼻をつまむ。

</td><td>

⑪ 自分で できる けがの手当て③
やけどの手当て
すぐに水道の水で
5〜10分間 ひやす。
いたみが
とれるまで

</td></tr>
<tr><td>

⑫ けがをふせぐために 大切なこと
まわりをよく見る
学校のきまりを守る
きまりを守って元気にすごそう

</td><td></td><td></td><td></td></tr>
</table>

<table>
<tr><td>

4月
きそく正しい
生活をしよう

</td><td>

①
きそく正しい 生活をしよう

</td><td>

②
大きくなったらなりたいものは？
ゆめ をかなえるためには けんこうが大切！

</td><td>

③ きそく正しい 生活をするために①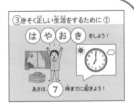
は や お き をしよう！
あさは：⑦時までに起きよう！

</td></tr>
<tr><td>

④ きそく正しい 生活をするために②
あ さ ご は ん
を食べよう！
エネルギーのみなもと

</td><td>

⑤ きそく正しい 生活をするために③
あせをかくくらい
か ら だ を動かそう。
ゴールデンタイム

</td><td>

⑥ きそく正しい 生活をするために④
は や く ね る
ようにしよう！
よるは ⑨時までにねよう！

</td><td>

⑦ きそく正しい 生活をするために
ワークシート
★これから
取り組みたいこと
がんばりたいこと
を書こう

</td></tr>
</table>

5月 早ね早起き 朝ごはん

① 早ね 早起き 朝ごはん

② 早ね 早起き 朝ごはん ○×クイズにちょうせん！

③ Q1. 朝ごはんを食べなくても、きゅう食をしっかり食べればよい。
こたえ：✕

④ 朝ごはんでしっかりエネルギーをとろう！

⑤ Q2. ねる前に、はげしい運動をするとぐっすりねむれる。
こたえ：✕

⑥ ねる前は、リラックスしてすごそう！

⑦ Q3. 休みの日にたくさんねむれば、ふだんはねる時間が短くてもよい。
こたえ：✕

⑧ 毎日、夜9時にはねよう！

⑨ 生活リズムを整えて毎日を元気にすごそう

6月 歯を大切にしよう

① 歯を大切にしよう

② 歯の役わり① 食べ物を「かむ」こと
食べ物を小さくかみくだく

③ Q. もしも、歯がなくなったらできなくなってしまうのは？
① ② ③
こたえ 全部

④ 歯の役わり② 声を出すこと、話すこと
歯がないとうまく話せないよ〜

⑤ 歯の役わり③ 歯をくいしばり力を出す

⑥ 歯の役わり④ 歯ごたえや味を楽しむ
ポリポリサクサク おいしいな〜

⑦ 1. えん筆をにぎるように持つ
やさしい力でみがこう
耳に1歯新しくしよう！

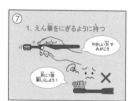

⑧ 目指せ！歯みがきのたつ人 2. 歯ブラシを小さく動かす
1本1本ていねいにみがこう

⑨ 目指せ！歯みがきのたつ人 3. みがきにくいところに気をつけてみがく
歯と歯の間 歯と歯ぐきのさかい目 生えたての大人の歯 おく歯のみぞ

⑩ 目指せ！歯みがきのたつ人 4. "した"でたしかめる
ツルツルしているかな？

⑪ 目指せ！歯みがきのたつ人 5. 朝と夜（ねる前）にはかならず、歯をみがく
あさ ひる よる
きゅう食の後も歯をみがこう

⑫ ポイントに気をつけて歯みがきをがんばろう！
歯を大切に！

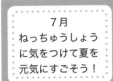

7月
ねっちゅうしょうに気をつけて夏を元気にすごそう！

① ねっちゅうしょうに気をつけて夏を元気にすごそう！

② ねっちゅうしょうって何？

③ ねっちゅうしょうになりやすいのはどんな時？

④ ねっちゅうしょう よぼうのポイント①
すいぶんをこまめにとろう。

⑤ ねっちゅうしょう よぼうのポイント②
運動する時は、30分に1回、休けいしよう。

⑥ ねっちゅうしょう よぼうのポイント③
ぼうしをかぶって、風通しのよい服を着よう。

⑦ ねっちゅうしょう よぼうのポイント④
体の調子がよくない時は、うんどうするのはやめておこう。

⑧ ねっちゅうしょう かな？と思ったら
近くの大人に知らせよう

⑨ ねっちゅうしょう かな？と思ったら
風通しのよいすずしい所で横になろう

⑩ ねっちゅうしょう かな？と思ったら
水分とえん分の入った飲み物を飲もう

⑪ ねっちゅうしょう かな？と思ったら
体をひやそう

⑫ ねっちゅうしょうに注意して毎日を元気にすごそう！

9月
生活リズムを整えよう

① 生活リズムを整えよう

② 生活チェック①
毎朝、早く起きた。

③ 生活チェック②
毎朝、歯みがきをした。
しっかりみがこう！

④ 生活チェック③
朝・昼・夜、ごはんをすききらいしないでしっかり食べた。
エネルギーのもと

⑤ 生活チェック④
天気のよい日は、外で体を動かした。

⑥ 生活チェック⑤
テレビやゲームは時間を守ってできた。
ルールを決めよう！

⑦ 生活チェック⑥
ほぼ毎日、うんちが出た。

⑧ 生活チェック⑦
毎日、夜の歯みがきをした。

⑨ 生活チェック⑧
毎日、早くねた。
1～3年生→9時

⑩ めあてを決めてきそく正しい生活をしよう！

10月
目を大切に
しよう

① 目を大切にしよう

② 目にかんするクイズにちょうせんしよう！

正しいのは
どっち？
4もん
答えてね！

③ 第1問 目の上にまゆげがあるのは、どうして？

① 顔を楽しく（かっこよく）見せるため
② あせや水が、目に入るのをふせぐため

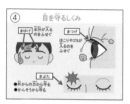

④ 目を守るしくみ

まゆげ 水分が入るのをふせぐ
まつげ ほこりやゴミが入るのをふせぐ
まぶた
●外からの力から守る
●かんそうから守る

⑤ 第2問 目によいのは どっち？

① 緑色のものを見る
② 遠くのけしきを見る

⑥
近くを見る時
遠くを見る時

遠くのけしきを見て、目を休めよう

⑦ 第3問 目がつかれてしまうのは どっち？

① ゲームをする
② 小さな字の本を読む

⑧ 長い時間つづけないで、こまめに休けいをとろう

1回
20分間まで

⑨ 第4問 目がじゅうぶんに見えるようになるのは、いつ？

① 生まれた時から
② 小学生になってから

⑩
ぼんやり
物や人がはっきり

体が大きくなるとともに、だんだんと見る力がついていく

⑪ 目にやさしい生活をしよう

ぐっすりねむって目を休める
テレビ・ゲームは時間を決めてする
しせいを正しくする
目を大切に！

11月
かぜをよぼう
しよう

① かぜをよぼうしよう

② かぜの原いんはウイルスだ！

とても小さい
空気中をフワフワとぶ
なか間は200しゅるい
姿をへん化する

③ かぜのウイルスはこんな子がすき！

手をあらわずに食べる子

④ かぜのウイルスはこんな子がすき！

夜おそくまで起きている子

⑤ かぜのウイルスはこんな子がすき！

食べ物にすききらいのある子

⑥ かぜのウイルスはこんな子がすき！

休み時間も教室のまどを開けない子

⑦ かぜよぼうのポイント①

外から帰った時、
ごはんや おやつを 食べる前には、

て あ ら い ・
う が い をしよう。

⑧ かぜのウイルスはこんな子が苦手！

石けんできちんと手をあらう子

⑨ 手のあらい方
〜あらいわすれに気をつけよう〜

つめの先
指の間
親指
手首

⑩ かぜよぼうのポイント②

夜は、9 時までに ねよう。

⑪ かぜよぼうのポイント③

すききらいしないで、なんでも食べよう。

⑫ かぜよぼうのポイント④

1時間に1回は、まどを開けて

5分 か ん き をしよう。

かしつも わすれずに！

⑬

かぜのウイルスに負けない！

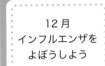

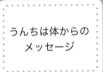

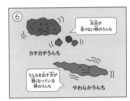

ワークシート ●低学年対象● 新年をけんこうにすごそう／朝ごはんを食べよう けがをふせごう

「新年をけんこうにすごそう」

（　）年（　）組　なまえ ＿＿＿＿＿＿＿＿＿＿＿＿

今年もよい1年になりますように！

新年のあいさつにちなんだ、今年1年をけんこうにすごすためのポイントです。○の中にはどのような言葉が入るか、考えてみましょう。

あ○○○○　かならず食べて、
　　　　　　　元気に1日をスタートしよう。

け○○　　をよぼうしよう。

マ○　　　をつけて、「せきエチケット」。

し○○　　よく、せ中をのばそう。

て○○○　・うがいで、ウイルス バイバイ！

お○○　　につかってリラックスしよう。

○○　　　　がつかれるよ。テレビやゲームは時間を決めよう。

で○○　　を消して草くねよう。

と○○○　のことを思いやろう。

う○○○　しよう！ 1日20分を目ひょうに!!

今年のけんこう目ひょう

> 1年をけんこうにすごすために、どんなことに気をつければよいかわかりましたか？
> よくわかった　・　だいたいわかった　・　わからない

「朝ごはんを食べよう」

（　）年（　）組　なまえ ＿＿＿＿＿＿＿＿＿＿＿＿

朝ごはんチェック

1日を元気にすごすために、朝ごはんはかかせません。みなさんは、今日、朝ごはんに何を食べてきましたか？

☐ 何も食べたり飲んだりしてこなかった。

☐ 飲み物だけ。（飲んだ物：　　　　　　　）

☐ 食べた。（食べた物：　　　　　　　　　）

朝ごはんがくれる5つのパワー

（　）の中には、どんな言葉が入るでしょうか。考えてみましょう。

① **学習**パワー
（　　　　　）の「エネルギー」となって、頭のはたらきをよくしてくれるよ。

② **元気**パワー
元気よく動きまわるための「エネルギー」になるよ。

③ **体温**パワー
体温を上げて、のうや体を目ざめさせる「スイッチ」の役わりをしてくれるよ。

④ **体を作る**パワー
じょうぶな（　　　　　）や（　　　　　）を作るもとになるよ。

⑤ **うんち**パワー
朝の（　　　　　）を出やすくしてくれるよ。

> 朝ごはんを食べると、元気いっぱいにすごせることがわかりましたか？
> よくわかった　・　だいたいわかった　・　わからない

「けがをふせごう」

（　）年（　）組　なまえ ＿＿＿＿＿＿＿＿＿＿＿＿

けがをふせぐために大切なこと

★ まわりをよく見よう。

★ 学校の ☐☐☐☐ を守ろう。

自分でできるけがの手当て

ほけん室に来るその前に、みんなにできるけがの手当てがあります。

◎すりきずの手当て

> 水道の水でよくあらい流そう。
> せいけつなハンカチでおさえる。

◎鼻血の止め方

> 下を向いて
> 5分間 鼻をつまむ。

◎やけどの手当て

> すぐに水道の水で
> 5〜10分間 ひやす。

> けがをふせぐために、どんなことに気をつければよいかわかりましたか？
> よくわかった　・　だいたいわかった　・　わからない

ワークシート

●低学年対象● きそく正しい生活をしよう／早ね早起き朝ごはん
歯を大切にしよう／ねっちゅうしょうに気をつけて夏を元気にすごそう！

「きそく正しい生活をしよう」

（　）年（　）組　なまえ _____

きそく正しい生活をするために

○の中にはどのようなことばが入るか、考えてみましょう。

○○○○ をしよう。

○○○○ を食べよう。

○○○ を動かそう。

○○○ ようにしよう！

きそく正しい生活をするために がんばりたいこと。

きそく正しい生活をするために、どんなことに気をつければよいかわかりましたか？
よくわかった　・　だいたいわかった　・　わからない

「早ね 早起き 朝ごはん」

（　）年（　）組　なまえ _____

早ね 早起き 朝ごはん ○×クイズにちょうせん！

○×クイズに答えながら、どうすれば毎日を元気にすごせるのか考えてみましょう。

Q1. 朝ごはんを食べなくても、きゅう食をしっかり食べればよい。

こたえ1

Q2. ねる前に、はげしい運動をするとぐっすりねむれる。

こたえ2

Q3. 休みの日にたくさんねむれば、ふだんねる時間が短くてもよい。

こたえ3

生活リズムを整えて元気にすごすために、どんなことに気をつければよいかわかりましたか？
よくわかった　・　だいたいわかった　・　わからない

「歯を大切にしよう」

（　）年（　）組　なまえ _____

歯の役わり

歯の一番の役わりは、食べ物を小さくかみくだいて、体にえいようをとりやすくすることです。でも、歯にはそのほかにも大切な役わりがたくさんあります。

Q. もしも、歯がなくなったら…
いつものようにできなくなるのは、次のうちどれでしょう？

① 国語のじゅ業の音読　　② 休み時間のボール遊び

③ ごはんを味わって食べること

こたえ・・・ ▢

めざせ！歯みがきのたつ人

むし歯にならないためには、じょうずに歯をみがくことがとても大切です。みんなはできているかな？

┌─ ★ 歯みがきのポイント ★ ─┐
1. えん筆をにぎるように持って、やさしい力でみがく。
2. 歯ブラシを小さく動かして、歯を1本1本みがく。
3. みがきにくいところに気をつけてみがく。
4. みがき終わったら、"した"で歯をさわってたしかめる。
5. 朝と夜（ねる前）にはかならず、歯をみがく。
└──────────────────┘

歯みがきのポイントがわかりましたか？
よくわかった　・　だいたいわかった　・　わからない

「ねっちゅうしょうに気をつけて夏を元気にすごそう！」

（　）年（　）組　なまえ _____

ねっちゅうしょうよぼうのポイント

● ○○○○ をこまめにとろう。

● 運動する時は、○○ 分に1回、休けいしよう。

● ○○○ をかぶって、風通しのよい服を着よう。

● 体の調子がよくない時は、○○○○○ するのはやめておこう。

ねっちゅうしょう かな？ と思ったら

● 近くの大人に知らせよう。
● 風通しのよいすずしい所で横になろう。
● 水分とえん分の入った飲み物を飲もう。
● 体をひやそう。

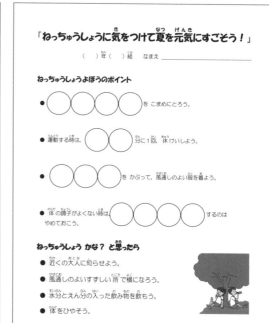

ねっちゅうしょうをよぼうするために、どんなことに気をつければよいかわかりましたか？
よくわかった　・　だいたいわかった　・　わからない

「生活リズムを整えよう」

（　）年（　）組　なまえ ＿＿＿＿＿＿＿＿＿＿＿＿

夏休みの生活をふりかえろう♪ できていたことには、○じるしをつけてね。

- ☐ 毎朝、早く起きた。
- ☐ 毎朝、歯みがきをした。
- ☐ 朝・昼・夜、ごはんを すききらいしないで しっかり食べた。
- ☐ 天気のよい日は、外で体を動かした。
- ☐ テレビやゲームは、時間を守ってできた。
- ☐ ほぼ毎日、うんちが出た。
- ☐ 毎日、夜の歯みがきをした。
- ☐ 毎日、早くねた。

できていなかったことは何かな？ きそく正しい生活をするために、がんばろうと思うことを書いてみましょう。

生活リズムを整えるために、どんなことに気をつければよいかわかりましたか？
よくわかった　・　だいたいわかった　・　わからない

「目を大切にしよう」

（　）年（　）組　なまえ ＿＿＿＿＿＿＿＿＿＿＿＿

目にかんするクイズにちょうせん！ 正しいと思う方に○じるしをつけよう。

まゆげがあるのはどうして？
- ☐ ① 顔を美しく（かっこよく）見せるため。
- ☐ ② あせや水が目に入るのをふせぐため。

目によいのはどっち？
- ☐ ① 緑色のものを見る。
- ☐ ② 遠くのけしきを見る。

目がつかれてしまうのはどっち？
- ☐ ① ゲームをする。
- ☐ ② 小さな字の本を読む。

目がじゅうぶんに見えるようになるのは、いつ？
- ☐ ① 生まれた時から。
- ☐ ② 小学生になってから。

目にやさしい生活をしよう
- ● ぐっすりねむって、目を休めよう。
- ● テレビ・ゲームは、時間を決めてしよう。
- ● しせいを正しくしよう。

目を大切にするために、どんなことに気をつければよいかわかりましたか？
よくわかった　・　だいたいわかった　・　わからない

「かぜをよぼうしよう」

（　）年（　）組　なまえ ＿＿＿＿＿＿＿＿＿＿＿＿

かぜのウイルスはこんな子がすき！
- ● 手をあらわずに食べる子
- ● 夜おそくまで起きている子
- ● 食べ物にすききらいのある子
- ● 休み時間も教室のまどを開けない子

かぜよぼうのポイント
- ● 外から帰った時、ごはんやおやつを食べる前には、○○○○○・○○○ をしよう。
- ● 夜は、○時までにねよう。
- ● すききらいしないで、なんでも食べよう。
- ● 1時間に1回は、まどを開けて ○○○ をしよう。

かぜをよぼうするために、どんなことに気をつければよいかわかりましたか？
よくわかった　・　だいたいわかった　・　わからない

「インフルエンザをよぼうしよう」

（　）年（　）組　なまえ ＿＿＿＿＿＿＿＿＿＿＿＿

インフルエンザよぼうのポイント
- ● ☐ をあらおう。
- ● ☐☐☐ を上げて、ウイルスをやっつける力を強くしよう。
- ● 部屋はあたたかく。でも、空気が ☐☐☐☐ しないように気をつけよう。
- ● 人が集まる所へ出かけるのはやめよう。
- ● マスクを正しくつけよう。

インフルエンザにかかったら
- ● まずは、お医者さんにみてもらいましょう。
- ● 十分にすいみんをとり、体を休めましょう。
- ● スポーツドリンクなどで水分をとりましょう。

インフルエンザは、ひとりひとりが
『かからない』『うつさない』を心がけることが大切です。

インフルエンザをよぼうするために、どんなことに気をつければよいかわかりましたか？
よくわかった　・　だいたいわかった　・　わからない

「うんちは体からのメッセージ」

（　）年（　）組　なまえ _____

からだクイズ

食べ物が口に入ってから うんちになって出てくるまで, どのくらいの時間がかかるでしょう?

① 6 時間

② 12 時間

③ 17 時間

こたえ _____

うんちのはたらき

- 体の中にたまった "いらないもの" を出す。
- 体の調子を教えてくれる。

毎日すっきりうんちのコツ

- 朝ごはんを食べよう。
- 野さい・豆・きのこをたくさん食べよう。
- 体を動かそう。
- ゆっくりトイレにすわろう。

毎日すっきりうんちをするために, どんなことに気をつければよいかわかりましたか?
　　　よくわかった　・　だいたいわかった　・　わからない

「寒さに負けない体を作ろう」

（　）年（　）組　なまえ _____

寒さに負けない体作りのコツ

できている人は〇をつけよう。

① あつ着をしすぎないで, 気温に合った服そうをする。 ①

② 太陽の光をあびながら, 体を動かそう。 ②

③ 朝ごはんに温かい物を食べて, 体の中から温まろう。 ③

かぜをひいたかな?と思ったら

① 早めに休もう。
② えいようと水分をとろう。
③ マスクをつけよう。
④ お医者さんにみてもらおう。

手あらい・うがいをこまめにして, 寒さに負けず元気にすごしましょう。

寒いきせつを元気にすごすために, どんなことに気をつければよいかわかりましたか?
　　　よくわかった　・　だいたいわかった　・　わからない

「大切なすいみん」

（　）年（　）組　なまえ _____

すいみんの主なはたらき

- 体と◯◯を休ませる。

- ◯◯や◯◯◯をせい長させる。

ひつようなすいみん時間

小学校　1〜3年生　・・・ ☐ 時間

小学校　4〜6年生　・・・ 9 時間

ぐっすりねむるコツ

- ねる1時間前には, テレビやゲームをやめよう。
- ふとんに入ったら, 部屋の電気を消そう。
- 目がさめたら, 太陽の光をあびよう。

ぐっすりねむるために がんばること

ぐっすりねむるために, どんなことに気をつければよいかわかりましたか?
　　　よくわかった　・　だいたいわかった　・　わからない

おわりに

　「子どもたちの学力の土台になるのは、基本的生活習慣です。養護教諭として、子どもたちの生活習慣の育成に取り組んでください。」これは、私が新規採用時に着任した校長先生から言われた言葉です。40年も前の話ですが、今でも鮮明に覚えています。

　「早寝早起き朝ごはん」という基本的生活習慣の取り組みは、学校教育において永遠の課題なのでしょう。近年は、「朝食欠食率」「子ども食堂」という言葉がマスコミでも頻繁に取り上げられるようになり、学校現場での新たな取り組みが必要とされているように感じます。子どもたちが健やかに成長していくためには、運動、バランスのとれた食事、十分な睡眠が欠かせません。「早寝早起き朝ごはん」国民運動の推進を文部科学省が行っているのもうなずけます。

　しかし、学校で学級指導を行うとなると、生活習慣に関しては同じような内容を繰り返し指導し、マンネリ化したイメージを持たれているのではないでしょうか。一方で、生活習慣は家庭の協力や、家庭での継続的な実践を求めるが故の難しさもあるのではないかと考えます。

　そんなジレンマを抱えている先生方に、本書を贈ります。渋谷先生が養護教諭の目線を大事にしながら、保健室での短時間の指導や学級で担任が行った学級指導など、粘り強く取り組んでこられた実践集です。

　中央教育審議会「幼稚園、小学校、中学校、高等学校及び特別支援学校の学習指導要領等の改善及び必要な方策等について」（答申）第2部第1章2.小学校では、『ICT等も活用しながら10〜15分程度の短い時間を単位として繰り返し教科指導を行う短時間学習（帯学習、モジュール学習。以下「短時間学習」という。）を含めた弾力的な授業時間の設定や時間割編成を、教育課程全体を見通しながら実現していく必要がある。』と記されています。

　多様な期待を担う学校現場ですが、どうぞ少しの時間をみつけて、その時間を活用して、子どもたちに生活習慣の大切さを伝えてください。きっと、本書が多くの皆様の助けになると確信しています。

2020年3月　　久保　昌子

参考文献

新年を健康にすごそう

・医療法人たちいり整形外科スポーツ傷害予防講習会（理学療法士 塚田雄毅）

規則正しい生活をしよう

・前橋明：3歳からの今どき「外あそび」育児、主婦の友社、2015年
・大原薬品工業株式会社：けんこう名探偵、第1回「疲れ、だるさのおなやみに。セロトニンの
　ヒミツを探る！」（https://www.ohara-ch.co.jp/meitantei/vol01_1.html）

早ね早起き朝ごはん

・文部科学省：平成30年度全国学力・学習状況調査
・スポーツ庁：平成28年度全国体力・運動能力、運動習慣等調査
・ぱすてる書房編：せいかつリズム（健やかサポーター9）、ぱすてる書房、2009年
・松永かおり：いきいきミニ保健指導（上）、ぱすてる書房、2011年
・石黒幸司監修、久保昌子編：からだとこころの教室④、東山書房、2003年

かぜを予防しよう

・国立感染症研究所感染症情報センターホームページ

寒さに負けない体を作ろう

・テルモ体温研究所：「体温と生活リズム」（https://terumo-taion.jp/health/index.html）

大切なすいみん

・学研辞典編集部編：用例でわかる故事ことわざ辞典、学習研究社、2005年
・Gakken キッズネット：「睡眠について調べよう」（https://kids.gakken.co.jp/kagaku/
nandemo/anything0405）
・ぱすてる書房編：ぐっすりすいみん　睡眠と成長を科学する（健やかサポーター1）、ぱすてる
　書房、2007年

● 本書付録の CD-ROM について ●

　付録の CD-ROM には、本書に掲載したパワーポイント教材とワークシートが収録されています。

【動作環境】
・付録の CD-ROM は、Windows10 を搭載したパソコンで、Microsoft office 2019（Microsoft Power Point 2019、Microsoft Word 2019）を使い、動作確認をしています。
・付録の CD-ROM には、Microsoft Power Point、Microsoft Word、PDF ファイルを収録しており、閲覧および加工（一部ファイルのみ）には、Microsoft Word 2007、Microsoft Power Point 2007 以降および Adobe Reader ／ Adobe Acrobat が必要となります。
※ Windows の場合では、閲覧のみ可能な Power Point Viewer を、マイクロソフト社のウェブサイトより無償でダウンロードできます。
※ Adobe Reader は、アドビシステムズ社のウェブサイトから無償でダウンロードできます。

【ご使用にあたって】
・CD-ROM に収録されたデータは、非営利の場合のみ使用できます。ただし、下記の禁止事項に該当する行為は禁じます。なお、CD-ROM に収録されたデータの著作権、また使用を許諾する権利は、本書著者・株式会社東山書房が有するものとします。

【禁止事項】
・本製品中に含まれているデータを本製品から分離または複製して、独立の取引対象として販売、賃貸、無償配布、貸与などをしたり、インターネットのホームページ等の公衆送信を利用して頒布（販売、無償配布、貸与など）することは営利・非営利を問わず禁止いたします。また、本製品販売の妨げになるような使用、公序良俗に反する目的での使用や名誉棄損、そのほかの法律に反する使用はできません。
・以上のいずれかに違反された場合、弊社はいつでも使用を差し止めることができるものとします。

【免責】
・弊社は、本製品に関していかなる保証も行いません。本製品の製造上の物理的な欠陥については、良品との交換以外の要求には応じられません。
・本製品を使用した場合に発生したいかなる障害および事故等について、弊社は一切責任を負わないものとさせていただきます。
・CD-ROM が入った袋を開封した場合には、上記内容等を承諾したものと判断させていただきます。

執筆者紹介

監修　久保昌子（くぼ まさこ）
　　　熊本大学養護教諭特別別科 教授

著者　渋谷友香（しぶたに ゆか）
　　　京都市立小学校　養護教諭

パワーポイントで保健教育！
〜規則正しい生活をめざそう〜（小学校編）

2020年5月6日　初版発行

著　者　渋谷友香
監　修　久保昌子
デザイン・教材制作　株式会社ひでみ企画

発行者　山本成一郎
発行所　株式会社 東山書房
　　　　〒604-8454　京都市中京区西ノ京小堀池町8-2
　　　　TEL：075-841-9278／FAX：075-822-0826
　　　　https://www.higashiyama.co.jp

印　刷　創栄図書印刷株式会社

写真提供　石黒幸司（恵那市国民健康保険上矢作歯科診療所所長）
　　　　　向井美惠（学校歯科医・昭和大学名誉教授）

©2020　渋谷友香　久保昌子　　　　　Printed in Japan　ISBN 978-4-8278-1582-5